CATALOGUE
DES
TABLEAUX
ANCIENS ET MODERNES
Aquarelles, Dessins et Pastels

FORMANT LA COLLECTION

DE

M. ALEXANDRE DUMAS

DONT LA VENTE, AUX ENCHÈRES PUBLIQUES, AURA LIEU

HOTEL DROUOT, SALLES N°° 8 & 9
Les Jeudi 12 et Vendredi 13 Mai 1892

A DEUX HEURES ET DEMIE PRÉCISES

Par le Ministère de

M° LÉON TUAL	M° PAUL CHEVALLIER
COMMISSAIRE-PRISEUR	COMMISSAIRE-PRISEUR
56, rue de la Victoire, 56	10, rue de la Grange-Batelière, 10

ET

SOUS LA DIRECTION DE

M. BERNHEIM Jeune, EXPERT

8, rue Laffitte, 8 | 186, Piccadilly, Londres

EXPOSITIONS

PARTICULIÈRE : *Le Mardi 10 Mai 1892, de 1 h. 1/2 à 6 h.*
PUBLIQUE : *Le Mercredi 11 Mai 1892, de 1 h. à 6 h.*

COLLECTION

ALEXANDRE DUMAS

PARIS. — IMPRIMERIE DE L'ART, E. MÉNARD et Cie.
41, RUE DE LA VICTOIRE, 41

Ce Catalogue se distribue à

Paris.	Chez Mᵉ Léon Tual, commissaire-priseur, 56, rue de la Victoire.
—	Chez Mᵉ Paul Chevallier, commissaire-priseur, 10, rue Grange-Batelière.
—	Chez M. Bernheim jeune, expert, 8, rue Laffitte.
Londres.	Chez M. Bernheim jeune, The Barbizon Gallery, 186, Piccadilly.
Rotterdam.	Chez M. Jos de Kuyper, administrateur-gérant au *Kunstclub* de Rotterdam.
New-York.	Chez M. Durand-Ruel, Fifth Avenue.
Glascow.	Chez M. Moody, 43, Benfield Street.

CONDITIONS DE LA VENTE

Elle sera faite au comptant.

Les acquéreurs paieront *cinq pour cent* en sus des adjudications.

ALEXANDRE DUMAS

COLLECTIONNEUR

On connaît Dumas poète, Dumas romancier, Dumas auteur et grand semeur d'idées, mais on connaît peu le collectionneur, qui est original, primesautier, et se plaît à remonter les courants. On ne doit pas à l'Écrivain une seule critique d'art, mais il a fait mieux, il a aidé à vivre un certain nombre de peintres de son temps. Dumas, amateur rare qui n'a jamais suivi la foule, ne s'habille pas à la mode du jour, il courtise les dédaignés, ramasse les vaincus, « fait monter » les invendables, et tout seul, comme un têtu, s'en va sans rien dire frapper à la porte de ceux chez lesquels on peut se repentir un jour de n'avoir jamais sonné.

Il a acheté le premier tableau de sa collection quand il avait dix-huit ans ; c'était *Une Baigneuse* signée Tassaert; il l'accrocha au mur de son premier « chez lui », qui consistait en un petit rez-de-chaussée au fond d'une cour de la rue Bourdaloue. La rue Laffitte, dont les vitrines offraient déjà aux passants des petits musées en plein air, allait lui coûter cher.

Martin, le doux et loyal Martin, qui, lui aussi, allait aux inconnus qui seraient des maîtres et nous vendait des Corot à deux cents francs la pièce payables à tant par mois, ainsi que son voisin Cachardy, l'ancien acteur, homme grave et bien mis, qui a eu des chefs-d'œuvre à sa devanture, l'appelaient : « *Mon* amateur ».

Quand on étudie les origines, on a le droit de parler d'atavisme ; Alexandre Dumas avait de qui tenir ; son père, le plus extraordinaire producteur de son siècle, celui dont la main ne s'arrêtait jamais sur le grand papier à raies bleus dont nous avons souvent compté les lignes, n'avait ni le temps, ni l'immobilité, ni l'argent mignon nécessaires pour acheter des œuvres d'art avec suite, et surtout pour les garder ; mais il vivait dans l'art jusqu'au cou, il l'avait dans les moelles, allait droit aux lions et montrait un tendre pour les passionnés et les épiques. Il a eu très peu de tableaux et s'en est défait avant l'heure, mais il avait choisi des chefs-d'œuvre. Un jour il imagina de donner une fête dans un grand appartement vide dont il avait fait recouvrir les murs de papier gris ; il y fit installer de grandes tables sur des tréteaux, disposer des échelles, acheter des baquets de couleurs et des kilos de colle, et, appelant à lui Eugène Delacroix, Paul Huet, Decamps, Louis Boulanger, Riesener, Jadin, Nanteuil, les deux Johannot, Devéria et Grandville, etc. ; il les *lâcha* dans les salons avec mission de les décorer en vingt-quatre heures.

Pendant que Grandville, tout autour des chambranles, faisait grimper des insectes dans les fleurs, David d'Angers, Antonin Moine et Barye pétrissaient de la terre glaise pour improviser des lustres, Decamps, sur un grand panneau en largeur, faisait passer un Don Quichotte suivi d'un Sancho Pança chevauchant dans un champ de blés mûrs, et Eugène Delacroix, commentant les vers du poète, peignait un Boabdil vaincu fuyant Grenade :

> Le Roi sans royaume allait
> Froissant l'or d'un chapelet...

Autant en emporta le vent; un homme de moins de génie et de plus de prévoyance eût soigneusement découpé sur les murs ces improvisations brillantes signées des grands noms de son temps, il les eût soigneusement encadrées en attendant l'heure de la justice, et bientôt après les eût converties en rentes pour sa vieillesse. Tout cela a fini par tomber en loques; sauf le *Boabdil*, racheté à la vente du père par le fils et qui figure ici à la place d'honneur.

Comme amateur, l'auteur de *la Dame aux Camélias* a fait de vrais *coups*, mais comme il n'avait pas encore le nerf de la guerre, il en a manqué bien d'autres; les rencontres heureuses qu'il a pu faire ont eu cependant leur heureux destin. Dès 1848 Dumas connaissait les bons endroits et pratiquait le célèbre Chéradame, « l'homme sans chapeau » et sans cheveux, qui traversait la vie nu-tête. Quand Chéradame, embusqué derrière sa vitrine du boulevard des Italiens, voyait passer ses amateurs, il leur faisait signe et tâchait de les séduire.

Un jour, il appela Dumas et, retournant une grande

toile, lui présenta *les Naufragés du Don Juan*, de Delacroix ! « Quatorze cents francs en espèces ou, en échange, deux petits Alfred de Dreux ! » Les de Dreux étaient à la mode en ce temps-là ; mais il fallait les avoir ou posséder quatorze cents francs ; ce qui à certains jours était un rêve. M. Moreau, l'agent de change, passa par là, il offrit trois mille francs, emporta la Barque dont il refusa plus tard deux cent cinquante mille francs et eut la belle inspiration de léguer le tableau au Louvre, où il est aujourd'hui l'honneur de la galerie française. On a donc payé quatorze cents francs à l'origine, chez le Marchand, ce miracle de douleur et de pitié, ce drame silencieux sur la mer profonde, sous un ciel sans espoir !

En nos vertes années nous avons vu encore sur le mur de Dumas fils une autre merveille, *le Tasse chez les Fous*, du même Delacroix. Comment est-elle partie ? C'est une autre histoire. Son père, qui adorait le peintre de la pitié et du désespoir et qui l'admirait surtout quand il demandait l'inspiration au Dante, au Tasse, à Byron ou à Shakespeare, s'était jeté sur la scène de la folie et l'avait achetée ; mais un jour où le Pactole avait détourné son cours et ne passait plus par le 77 de la rue d'Amsterdam, et encore moins par le château de Monte-Cristo ; le grand Écrivain engagea son Delacroix pour onze cents francs chez Wail, le petit marchand de la rue Laffitte, qui fut le complice de bien des chefs-d'œuvre. Dumas fils rêvait, il regrettait *le Tasse*, il voulut le sauver, et le dégagea. C'est alors que nous le vîmes sur son mur ; il le garda et le regarda très longtemps, comme s'il voulait l'user. Mais un beau jour où il le montrait à un amateur, celui-ci lui en offrit quinze mille francs. C'était un comble alors! Il courut chez son père et éparpilla sur sa table treize mille neuf cents francs en beaux billets de banque. Dumas père, dont cela contrariait les habitudes, quitta son grand papier bleu, demanda d'où venait ce trésor, et, l'ayant appris, regarda son fils en s'écriant : « Le Tasse est un grand poète! »

En réalité, c'est quand sa vie fut fixée, alors que le Gymnase battait son plein et que la fortune souriait à sa maturité, que le collectionneur aussi se fixa. Il avait des murs, de vrais murs, un hôtel à Neuilly, d'où il ne pouvait plus sortir qu'à son propre gré, puis il acheta sa maison de l'avenue de Villiers qui fut bientôt pleine de l'antichambre aux combles. Le jour vint où les murs manquèrent encore ; il fit alors construire sa galerie, dont la façade sur le boulevard est fermée par la grille du balcon des Tuileries, du haut duquel Louis-Philippe se montra au peuple pendant dix-huit années les jours de feu d'artifice. Et il put étaler à son aise, en belle lumière, sur ces grandes parois, les tableaux qui font l'objet de cette vente : trente Tassaert, dix Corot, vingt Vollon, dix Jules Dupré, six Delacroix, deux Théodore Rousseau, quatre Jacques, puis les Troyon, Decamps, Diaz, Fortuny, Millet, Riesener, des peintres d'autrefois et des jeunes d'aujourd'hui, de Prud'hon à Chardin, de Boucher à Michel, de Boilly à Fromentin, à Lefebvre et Doucet et bien d'autres, tandis qu'au milieu de la pièce, comme à une tribune d'honneur, sur un double écran, il avait dressé deux Meissonier et quinze aquarelles et dessins du même maître.

La galerie débordait, le chalet annexé dans le jardin servait de magasin, et sa maison du bord de la mer et sa campagne de Marly-le-Roi passaient à l'état de *dépotoir*.

C'est vers 1868, l'année de la mort de son ami Didier, le député, que Dumas donna son plein. Didier de l'Ariège aimait ses amis, et ces amis s'appelaient Dumas, About, Édouard de Beaumont ; au moment de sa mort, après avoir largement pourvu à l'avenir de ses parents et de ceux qui lui tenaient de près, il réserva une de ses propriétés (ce n'était rien moins que la maison Tahan, du boulevard des Italiens) pour ses amis les plus chers, et il voulut qu'on partageât le prix de la vente en cent parts, à diviser entre ceux qui avaient charmé les vingt dernières années de sa vie par leur affection et leur esprit. Dumas eut trente parts, About en eut vingt, Beaumont en eut une dizaine ; et il se trouva que les trente parts échues à Dumas faisaient une jolie somme de deux cent trente mille francs. C'était une aubaine pour les peintres, car Dumas allait dépenser la somme en tableaux. Il commença par racheter à la vente du défunt même, non pas le plus important, mais le plus délicieux des Meissonier qui existe dans l'œuvre, et qu'on retrouvera ici, une peinture savoureuse et forte, claire comme l'eau de roche, ferme de dessin, chaude de couleurs, profonde par son intimité : *le Peintre à son chevalet*. C'est la perle de la galerie ; les Chines les plus rares, les bronzes et les terres cuites de Clodion le séduisirent aussi, il s'en empara ; et comme la peinture n'atteignait pas encore le prix d'aujourd'hui, il constitua ainsi un fonds de galerie.

En même temps il satisfaisait ses fantaisies; se donnait, au Salon de 1868, la *Femme couchée* de Jules Lefebvre, aujourd'hui émaillée, cuite par le temps et l'air ambiant, qui, après vingt-cinq années écoulées, constitue une toile capitale dans l'ensemble de l'œuvre. Fromentin venait de peindre son grand tableau : *Centaures et Centauresses*, fantaisie d'un artiste qui fut un écrivain de premier ordre et un peintre de belle race; on sait que la foule condamne les peintres à recopier cent vingt fois le même tableau; tout au plus permit-elle à Corot de mettre le saule à droite quand il l'avait mis la dernière fois à gauche; Fromentin, lui, était condamné aux cavaliers arabes, et son tableau, très original, n'eut aucun succès. J'ai dit que Dumas aimait à remonter les courants, il courut chez Fromentin, qui crut que celui-ci lui apportait des condoléances, mais quelle fut sa surprise quand l'Écrivain lui offrit dix mille francs de sa toile! Elle est encore là, sur le mur, étrange, séduisante, et de la race des œuvres qui touchent moins les peintres qu'elles ne font rêver les poètes.

Ce n'est jamais par hasard qu'un amateur accroche à ses murs trente tableaux du même peintre, surtout quand celui-ci, comme autrefois Delacroix, Corot et Rousseau, a pris l'habitude de ne pas pouvoir les vendre. C'est le cas de Dumas pour les œuvres de Tassaert. Dumas, en peinture, a son idée : il est fou de l'exécution, et, pour le prouver, il a acheté vingt tableaux de Vollon, un des peintres les plus peintres de ce temps-ci; mais il admet aussi que l'exécution ne suffit pas et demande qu'on ne refuse jamais à un tableau le don d'émouvoir, de faire réfléchir ou rêver celui qui le regarde. Nous avons dit qu'il n'a jamais fait de critique, mais si on cherche bien dans son œuvre, on lira en tête d'une lettre à un éditeur, M. L. Baschet, et à M. Bernard Prost, qui a élevé un beau monument à Tassaert, les lignes suivantes, qui sont une profession de foi dont il n'y a pas moyen de douter en visitant sa collection : « Dans les arts qui ne sont pas les miens, je n'ai pour me guider que mon sentiment, mon goût et cette expérience qu'on acquiert tous les jours avec de l'attention, de la bonne foi, de l'habitude et quelques dispositions naturelles. De tout cela, je n'ai pas la prétention de faire une loi pour les autres. »

Dumas a peu connu Tassaert, mais il achetait ses œuvres avant d'avoir vingt ans ; s'il ne l'a vu en somme qu'une fois, il l'a recherché dans toutes ses manifestations, séduit par sa vive imagination, par ses horizons multiples et sa variété sans trêve ; il a même écrit qu'il trouvait en lui du Mathurin Régnier, du Béranger et du Musset. C'est d'ailleurs un beau peintre, tour à tour argenté et vigoureux, clair et tendre, tantôt religieux, tantôt voluptueux et parfois paillard, tantôt sinistre et navré. Tassaert, après s'être grisé sous des tonnelles avec ses héroïnes des mansardes, a fait comme Escousse ; il a acheté un réchaud. Michelet disait de lui : « C'est un grand peintre, le Corrège de la souffrance. » Charles Blanc l'a appelé « le Prud'hon des pauvres » ; quant à Théophile Gautier, il pensait, lui aussi, à l'Allegri, quand il l'a baptisé « le Corrège de la mansarde ».

C'est quelque chose que d'avoir fait penser Michelet ; l'homme qui dans *la Tentation de saint Hilarion*, la page capitale de la collection, a fait flotter et se pâmer dans l'air, sous un pâle crépuscule, ces corps de femmes enlacées qui font penser aux « Femmes Damnées » du Rubens de Munich, est marqué d'en haut pour le ciel des peintres.

En somme, Dumas, collectionneur, est original et peut-être étrange; on ne voudrait pas qu'il fût comme tout le monde. Il a eu ses peintres comme on a des amis, toujours les mêmes, parce qu'on les aime. Les peintres dont l'atelier est solitaire auraient pu lui dire, en le voyant entrer, ce que disait Henri Heine à Berlioz, qui le visitait sur son grabat : « Toujours original vous, vous venez me voir! »

Aux environs de 1850 on ne se foulait guère chez des vivants devenus depuis des morts illustres; Dumas a eu le goût des naufragés et il a recueilli bien des épaves; un jour, chez Jules Dupré, il se jetait sur une toile superbe, une mer immense, vide sous un ciel de feu qui met de l'or au sommet des vagues. « Il faut affirmer la ligne d'horizon et planter une barque en détresse au premier plan, disait le marchand, sans quoi ça ne se vendra jamais! » — « On ne plantera rien du tout! » répondait Dupré en retournant sa toile contre le mur. — Et mon Dumas arrivait, qui, avec délices, achetait l'invendable. C'était une vocation. Quel homme habile! Il a choisi les fiers, les silencieux, les obstinés, les solitaires et les naïfs; il a été souvent leur banquier et leur Mécène dans les moments pressés; mais comme il est difficile de lui contester l'intelligence, il s'est gardé d'être exigeant. Il avait foi dans les dividendes de l'avenir.

Vollon, richement pourvu désormais, reste encore sa danseuse; Tassaert fut son vice; il a voulu le posséder dans toutes ses manifestations, du « Calvaire » au « Rocher de Saint-Hélène », des « Jardins d'Armide » aux « Parisiennes dans le bois de Meudon », de l' « Olympe » au « Lupanar ». Il lui a tout passé, son vin et sa tristesse, parce qu'il savait bien que le lendemain d'une scène graveleuse qu'il fallait cacher dans un coin, il peindrait son tendre « Jésus sur la croix » et le « Saint-Hilarion » de Walpurgis.

Le jour où on a dit à Dumas que le vieux peintre Tassaert venait de se suicider à soixante-quatorze ans, en allumant un réchaud, Dumas est allé au cimetière. Il a même acheté le mobilier du grand artiste pour une somme héroïque : « Trente-huit francs ! » Et quand, plus tard, on allait jeter ses vieux os je ne sais où, il lui a donné une tombe pour l'éternité relative, écrivant son nom sur la pierre à côté de celui de Tassaert.

Ces tableaux auront leur destinée, et l'issue de cette vente donnera raison à celui qui suivait son instinct sans s'occuper des courants de la mode. Dans cette galerie qui va se disperser, nombre de peintres, les Meissonier, les Corot, les Troyon, les Delacroix, les Rousseau, les Dupré et les Daubigny, ont déjà leur postérité relative. Le *Coucher de soleil sur la mer*, de Dupré, le *Peintre*, de Meissonier, et ses nombreux dessins et aquarelles; le *Pâturage*, de Troyon, au milieu de tant d'études du maître; les *Bords de l'eau*, le *Crépuscule*, l'*Entrée du port de La Rochelle*, de Corot; la *Madeleine*, de Delacroix, ont un sort assuré et vont acquérir une valeur nouvelle par le fait seul d'avoir été choisis il y a bien des années par un écrivain qui tient une si large place dans le mouvement d'idées de son temps. Quel sera le sort de Tassaert, de son *Érigone,* de sa *Tentation de saint Hilarion,* de tous ces drames et de ces idylles ; de ces fougueuses petites peintures pleines de passion qu'il jetait sur la toile? Il y a un choix à faire et un classement par ordre de mérite dans cet ensemble, mais quel que soit le nombre de ces toiles, quoiqu'on *écrase* pour ainsi dire le marché, le succès sera grand ; j'ajoute qu'il sera légitime ; ce sera la revanche de la vie de celui qui, comme ses héroïnes du Musée du Luxembourg, s'est asphyxié dans sa mansarde pour en finir avec la vie. Quant aux toiles de Vollon, qui sont là aussi en grand nombre, l'expérience n'est plus à faire. *Les Cuivres, la Pipe, la Musette, les OEufs,* et, entre tous, *le Dessert,* une des natures mortes les plus brillantes qu'on ait peintes de notre temps, vont montrer une fois de plus que nous avons là un peintre robuste, qui dans le genre qu'il affectionne peut se rattacher à la lignée des maîtres.

Charles Yriarte.

TABLEAUX

DÉSIGNATION

ACHARD

1 — La Source.

<blockquote>Signé à gauche : J. Achard.

Bois. Haut., 31 cent.; larg., 17 cent.</blockquote>

ACHARD

2 — Une Vieille Rue du Caire.

<blockquote>Bois. Haut., 35 cent.; larg., 26 cent.</blockquote>

ACHARD

(J.)

3 — Paysage.

Signé à gauche : J. Achard.

Haut., 58 cent.; larg., 95 cent.

AUBLET

(ALB.)

4 — Boucherie Ducourroy, au Tréport.

Signé à droite : Albert Aublet, 1872.

Toile. Haut., 80 cent.; larg., 65 cent.

(Salon de 1873.)

AUBLET
(ALB.)

5 — Un Atelier.

Signé à gauche : Albert Aublet, 1873.

Haut., 80 cent.; larg., 65 cent.

(Salon de 1873.)

BAKHUYSEN
(J. V. D. SANDE)

6 — Un Canal en Hollande.

Signé à droite : J. V. D. Sande Bakhuysen.

Haut., 42 cent.; larg., 60 cent.

BEAUMONT

(ED. DE)

7 — « Mater dolorosa ».

Sanguini ultima guttula osculum extremum.

La Vierge prosternée, les mains jointes, embrasse la couronne d'épines.

Forme cintrée.

Signé à gauche.

Bois. Haut., 21 cent.; larg., 15 cent.

(Vente Didier.)

BEAUMONT

(ÉDOUARD DE)

8 — La Fin de la Chanson.

Dans une ruelle et devant une porte entr'ouverte, un jeune gentilhomme a été assassiné pendant qu'il donnait une sérénade à sa belle.

La tête appuyée sur la poitrine de son amant, les vêtements en désordre, une jeune femme essaye de ranimer le jeune homme. A droite, une mandoline brisée, une toque, un fourreau d'épée et un manteau. Le peintre a rendu très minutieusement un des coins si artistiques de Paris sous Louis XIII.

Signé à droite : Ed. de Beaumont.

Toile. Haut., 58 cent.; larg., 90 cent.

(Salon de 1873.)

BENJAMIN-CONSTANT

9 — Feridjea.

Elle est coiffée d'un diadème aux pierreries étincelantes, à son oreille pend un anneau d'or. Elle a jeté sur son épaule gauche un manteau rouge brique, laissant à découvert sa gorge demi-nue.

Signé à droite : Benj. Constant.

Toile. Haut., 54 cent.; larg., 44 cent.

BOILLY

10 — Portrait de M. X...

Toile. Haut., 65 cent.; larg., 53 cent.

BOILLY

11 — Portrait d'homme.

Toile. Haut., 20 cent.; larg., 16 cent.

BOUDIN

12 — Marché aux chevaux en Bretagne.

Signé à gauche : E. Boudin, 70.

Haut., 26 cent.; larg., 46 cent.

BOUDIN

13 — Marine ; le Port du Havre.

Signé à gauche : Boudin.

Bois. Haut., 30 cent.; larg., 45 cent.

BUTIN
(U.)

14 — Le Retour du marin.

(Vente Butin.)

BUTIN

15 — Retour de la pêche.

(Vente Butin.)

CHARDIN

16 — Portrait de Sedaine, ayant à la main un marteau, emblème de sa première profession : tailleur de pierre.

Il est représenté en buste, vêtu de gris et coiffé d'un feutre à larges bords.

A figuré à l'Exposition Universelle 1878, Galerie des Portraits nationaux.

Toile. Haut., 45 cent.; larg., 38 cent.

(Vente Henri Didier, 1868.)

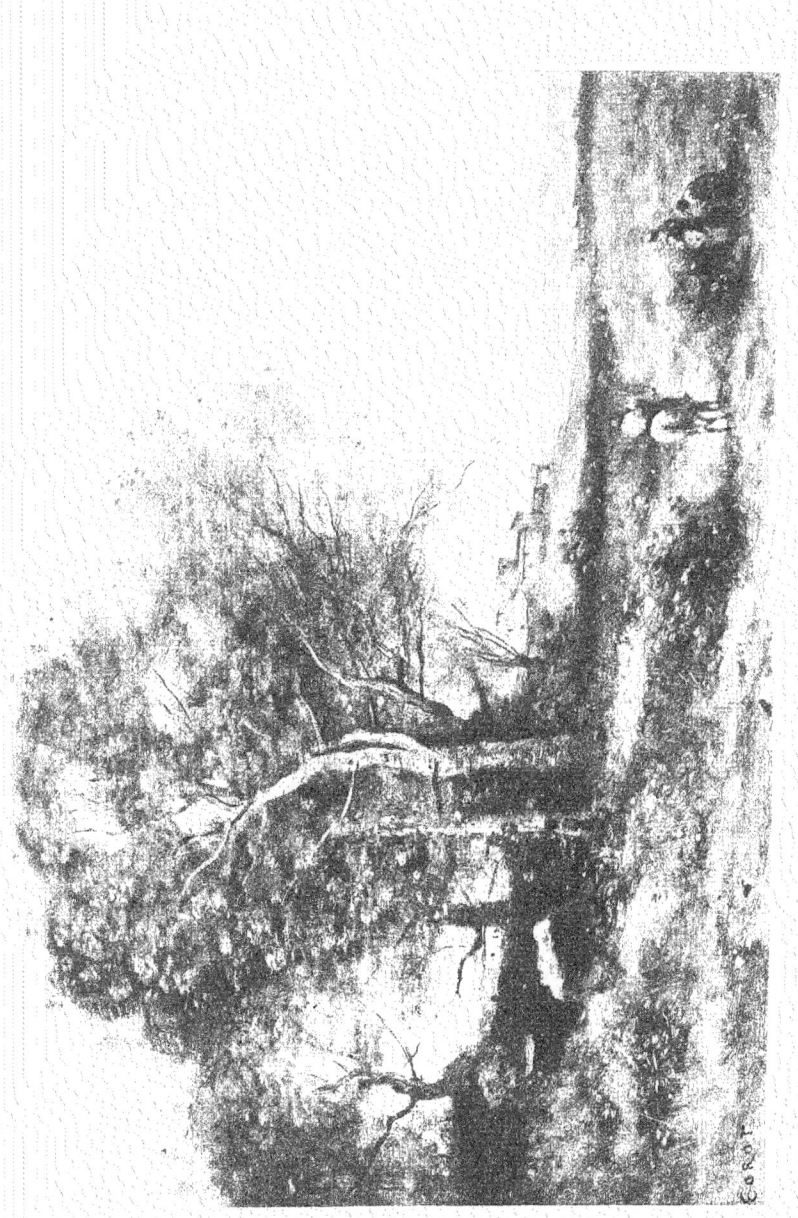

COROT

17 — Paysan à cheval dans la campagne.

Le sentier que suit un paysan à cheval traverse une prairie brûlée par le soleil et conduit à un village sur la hauteur. A gauche s'élève un petit bois au milieu des broussailles qui couvrent le terrain. Au premier plan et à droite, deux femmes sont occupées à faire de l'herbe. A gauche, un monticule boisé avec quelques roches ; à travers les arbres on aperçoit quelques maisons du village. Au fond, un grand lac bordé par des collines qui se perdent dans les brumes lointaines. Le ciel bleu et fin, sillonné de quelques nuages blancs, donne l'impression d'une chaude journée d'été.

Signé à gauche : Corot.

Toile. Haut., 55 cent.; larg., 75 cent.

COROT

18 — Solitude.

A l'ombre de grands arbres aux feuillages épais, un berger joue de la flûte. Des terrains légèrement accidentés, où poussent au hasard quelques plantes ou arbustes, s'étendent à gauche et dessinent sur le ciel leurs grandes lignes rompues çà et là par des groupes d'arbres et des taillis. A droite, la forêt est profonde et les arbres s'étendent au loin. Le jour va finir et les dernières lueurs du ciel donnent à ce tableau un ton harmonieux d'une haute et mélancolique poésie.

Signé à droite : Corot.

Toile. Haut., 58 cent.; larg., 40 cent.

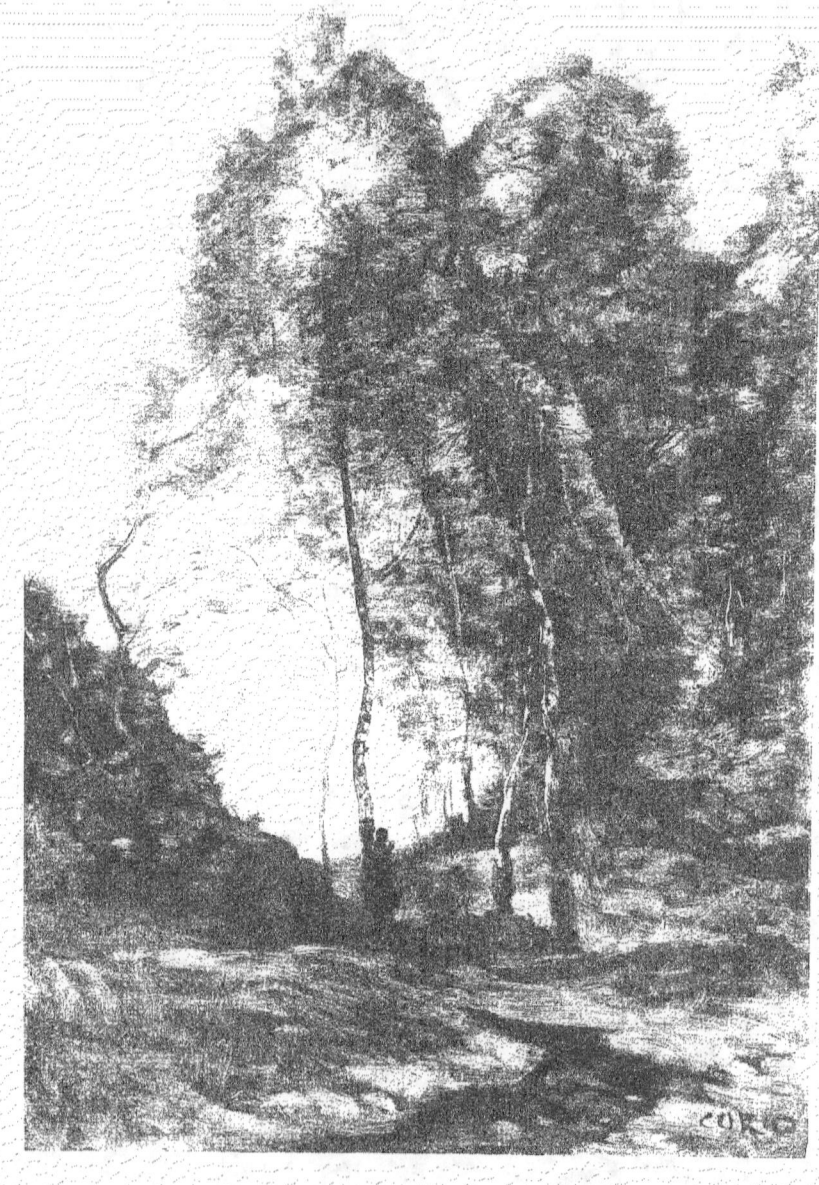

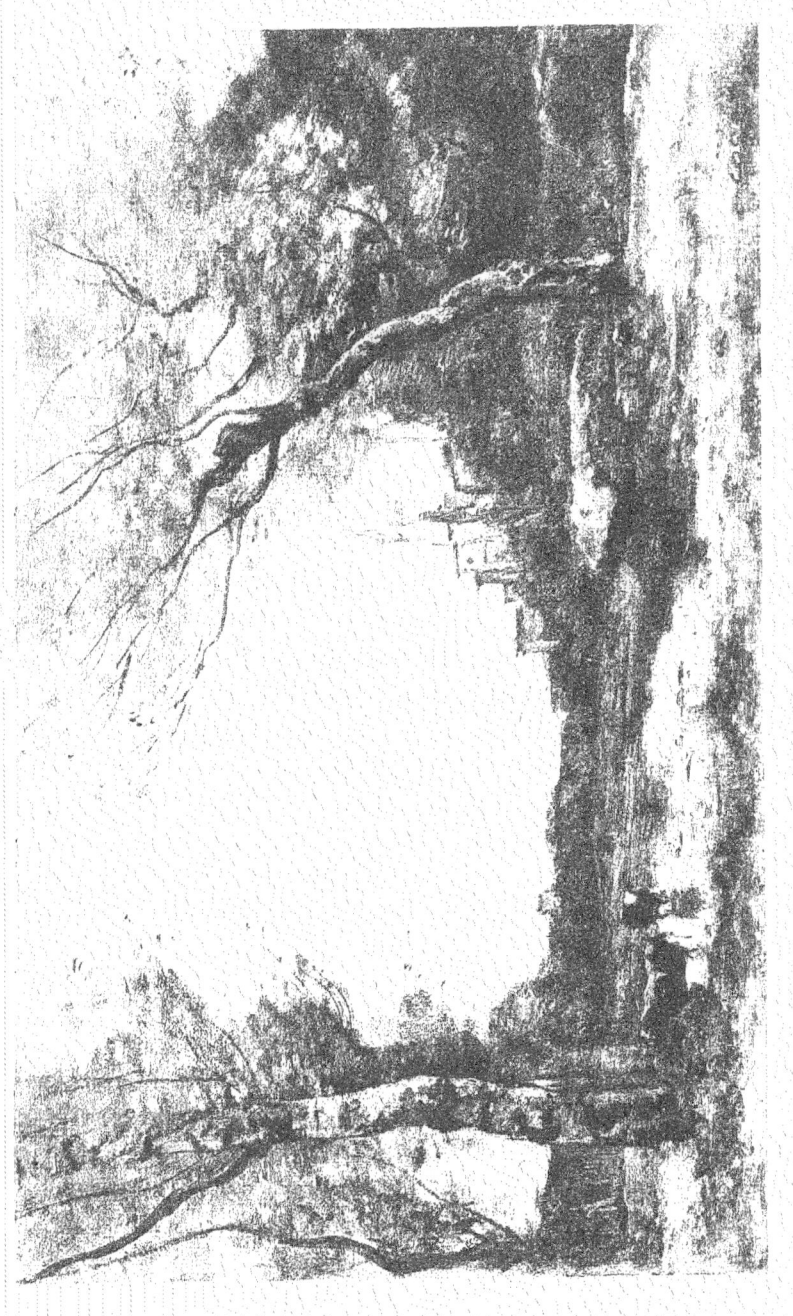

COROT

19 — Crépuscule.

Des nuages éclairés par les derniers rayons du couchant courent par le ciel et se reflètent dans l'eau claire d'une mare. Le soleil qui vient de disparaître colore d'ombres vigoureuses deux vaches qui sont venues s'abreuver dans les eaux calmes. C'est la fin du jour ; le ciel resplendissant de chaudes clartés dore tout le paysage d'une harmonieuse coloration. A droite et à gauche, des terrains accidentés, boisés et verdoyants. A droite et dans le fond, quelques maisons qui se perdent dans les brumes lointaines.

Tableau d'une exécution très poussée et d'une coloration puissante.

Signé à gauche : Corot.

Haut , 30 cent.; larg., 46 cent..

COROT

20 — Aux bords de l'eau.

Le soleil a disparu ; le ciel est encore tout inondé de lumière ; la prairie et le gros massif d'arbres dont la silhouette se découpe sur le ciel sont déjà enveloppés dans l'ombre douce et mystérieuse du crépuscule. Au bord du lac, une femme coupe de l'herbe ; une autre la regarde.

Signé à droite : Corot.

Toile. Haut., 35 cent.; larg., 27 cent.

COROT

21 — La Rochelle.

Des navires toutes voiles dehors sont ancrés dans le bassin devant la tour de la Lanterne. Dans le lointain et à droite, un phare se détache sur un ciel clair dont les tons nacrés donnent à ce tableau un très grand charme.

Toile. Haut., 25 cent.; larg., 40 cent.

COROT

22 — La Lecture.

Une jeune femme, la tête appuyée sur la main gauche, est en train de lire un livre posé sur une table.

Elle est vêtue d'un jupon rose et d'un corsage vert laissant apercevoir la chemise.

Dans le fond, à gauche, on aperçoit sur un chevalet un tableau inachevé.

Signé à droite.

Toile. Haut., 32 cent.; larg., 40 cent.

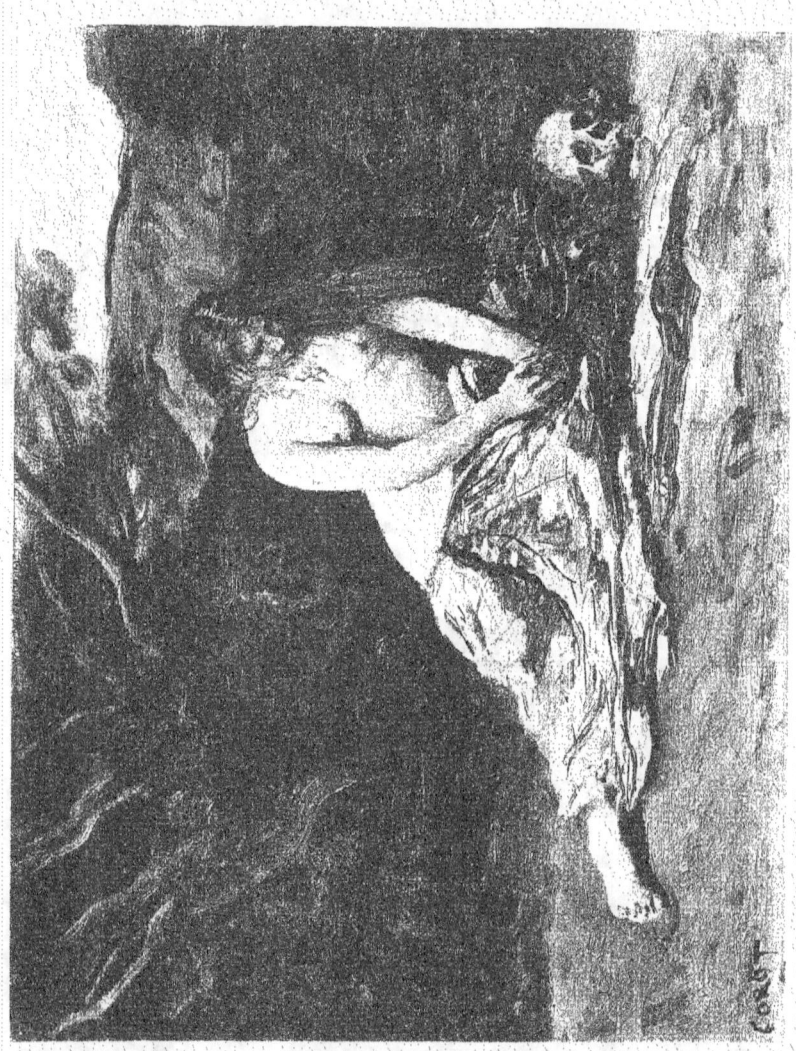

COROT

23 — La Madeleine.

Dans un paysage désert, éclairé par les dernières lueurs du jour, au pied de sombres rochers, la Madeleine à demi nue s'est affaissée.

Ses cheveux dénoués enveloppent son visage attristé. Son livre ouvert devant elle, les mains jointes, elle prie avec ferveur, ayant à sa gauche une tête de mort.

Signé à gauche : Corot.

Haut., 46 cent.; larg., 56 cent.

COROT

24 — Rêverie.

Une jeune femme, la tête appuyée dans la main droite, est assise rêveuse ; sa main gauche pend abandonnée, tenant le livre qu'elle vient de cesser de lire. Sa coiffure est relevée par un peigne de corail.

Signé à gauche et au milieu : Corot.

Haut., 94 cent.; larg., 60 cent.

COROT

25 — Tête d'Italienne.

Signé à gauche : Corot.

Bois. Haut., 24 cent.; larg., 20 cent.

COROT

26 — La Madeleine en prière.

Signé à gauche : Corot.

Haut., 12 cent.; larg., 20 cent.

COURANT
(MAURICE)

27 — La Plage.

Signé à gauche : Maurice Courant, 1874.

Haut., 27 cent.; larg., 46 cent.

(Vente Dagnan.)

COURANT
(MAURICE)

28 — Marine.

Bois. Haut., 53 cent.; larg., 65 cent.

COURANT
(MAURICE)

29 — Vent du nord.

Marine.

COUTURE

(T.)

30 — Femme nue.

>Portant à droite la date 1863, l'annotation : *comme seconde leçon*, et le monogramme : T. C.
>
>>Haut., 78 cent.; larg., 51 cent.

DABOS

31 — Portrait de l'acteur Charles Potier.

>Rôle du frère ignorantin dans *le Petit Chaperon rouge*.
>
>>Haut., 1 mètre; larg., 81 cent.

DAUBIGNY

32 — Les Gerbes.

La moisson est terminée et le blé est mis en gerbes.

Dans le fond et à droite, quelques paysans en retard se hâtent de terminer leur travail.

Tableau peint très largement et d'une très jolie impression.

Signé à gauche.

Bois. Haut., 22 cent.; larg., 42 cent.

DECAMPS

33 — Chien basset.

Signé à gauche du monogramme : D. C.

Toile. Haut., 30 cent.; larg., 40 cent.

DELACROIX

(EUG.)

34 — Le Roi Rodrigues, après la bataille du Guadalete.

Cette peinture fut exécutée à l'occasion d'une grande fête costumée donnée par Alexandre Dumas, le 15 mars 1832. Ziegler, Alfred et Tony Johannot, Clément et Louis Boulanger, Jadin, Decamps, Grandville, Barye et Célestin Nanteuil avaient déjà terminé leur œuvre quand Delacroix arriva.

« Sans ôter sa petite redingote noire collée à son corps, sans relever ni ses manches ni ses manchettes, sans passer ni blouse ni vareuse, Delacroix commença par prendre son fusain ; en trois ou quatre coups, il eut esquissé le cheval ; en cinq ou six, le cavalier ; en sept ou huit, le paysage, morts, mourants et fuyards compris ; puis, faisant assez de ce croquis, inintelligible pour tout autre que lui, il prit brosses et pinceaux et commença de peindre.

« Alors, en un instant, et comme si l'on

eût déchiré une toile, on vit sous sa main apparaître d'abord un cavalier tout sanglant, tout meurtri, tout blessé, traîné à peine par son cheval sanglant, meurtri et blessé comme lui, n'ayant plus assez de l'appui de ses étriers et se courbant sur sa longue lance. Autour de lui, devant lui, derrière lui, des morts par monceaux ; au bord de la rivière, des blessés essayant d'approcher leurs lèvres de l'eau, et laissant derrière eux une trace de sang ; à l'horizon tant que l'œil pouvait s'étendre, un champ de bataille, acharné, terrible, — sur tout cela, se couchant sur un horizon épaissi par la vapeur du sang, un soleil pareil à un bouclier rougi à la forge, — puis enfin, dans un ciel bleu se fondant à mesure qu'il s'éloigne dans un vert d'une teinte inappréciable, quelques nuages roses comme le duvet d'un ibis. Tout cela était merveilleux à voir, aussi un cercle s'était-il formé autour du maître, et chacun sans jalousie, sans envie, avait quitté sa besogne pour venir battre des mains à cet autre Rubens qui improvisait tout à la fois la composition et l'exécution. En deux ou trois heures tout fut fini. »

(*Mémoires d'Alexandre Dumas.*)

Peinture à la détrempe.

Haut., 1 m. 92 cent.; larg., 95 cent.

DELACROIX

(E.)

35 — La Madeleine en prières.

Tableau d'une parfaite harmonie, représentant la Madeleine à genoux invoquant son pardon. A ses côtés se tient un ange aux ailes déployées.

Toile. Haut., 31 cent.; larg., 23 cent.

DELACROIX

(EUG.)

36 — Faust et le docteur Wagner.

Faust et le docteur Wagner devisant dans la campagne sont poursuivis par le barbet.

La nuit va bientôt paraître et le paysage est déjà enveloppé des vapeurs du soir ; le ciel est encore enflammé par les reflets du soleil qui a disparu à l'horizon.

Signé à gauche : Eug. Delacroix.

Toile. Haut., 40 cent.; long., 31 cent.

DELACROIX
(EUG.)

37 — Tigre.

Très belle étude.
Signée à droite du monogramme : E. D.

Toile. Haut., 32 cent.; larg., 42 cent.

DELACROIX
(EUG.)

38 — Le Massacre de Chio.

Fragment.

Haut., 70 cent.; larg., 88 cent.

DIAZ

(N.)

39 — Sous bois.

De grands arbres, chênes et hêtres aux feuillages épais, aux tons puissants, entrelacent leurs branches robustes et tourmentées, et couvrent de leur ombre la terre couverte d'herbe et de mousse. A cet endroit, la forêt est profonde et les arbres, qui s'étendent au loin drus et serrés, laissent entrevoir deux bûcheronnes qui se livrent à leurs occupations.

Signé à gauche : N. Diaz.

Haut., 31 cent.; larg., 46 cent.

DUPLESSIS

40 — Portrait de Glück.

Toile. Haut., 85 cent.; larg., 70 cent.

DUPRÉ

(JULES)

41 — Coucher de soleil sur la mer.

Le soleil vient de disparaître à l'horizon, enflammant de ses derniers rayons un ciel menaçant. Pas une voile ne trouble l'immensité d'une mer sombre, faiblement éclairée par les reflets des nuages empourprés.

Tableau d'une magistrale exécution.

Signé à droite : Jules Dupré, 1875.

Toile. Haut., 80 cent.; larg., 1 mètre.

DUPRÉ

(JULES)

42 — Le Pêcheur.

Un bouquet d'arbres au feuillage touffu borde une rivière au cours capricieux. Un pêcheur sur une barque se livre à ses occupations, en descendant doucement à la dérive. Les eaux limpides reflètent en adoucissant un ciel un peu chargé.

Signé à droite : J. Dupré.

Toile. Haut., 46 cent.; larg., 19 cent.

DUPRÉ

(JULES)

43. — Crépuscule.

Le jour vient de finir, et les premières vapeurs du soir enveloppent un paysage vigoureux. A droite, quelques arbres se détachent en relief sur un ciel tourmenté, qu'éclairent encore les derniers rayons du soleil qui vient de disparaître à l'horizon. Tableau d'une exécution remarquable. Un des plus puissants du maître.

Signé à droite : Jules Dupré.

Toile. Haut., 80 cent.; larg., 1 mètre.

DUPRÉ
(JULES)

44 — La Mare.

Dans un riant paysage, éclairé par les chauds rayons du soleil, des vaches viennent s'abreuver dans l'eau d'une mare où se jouent des reflets de l'astre. Un grand arbre, au feuillage puissant, projette son ombre épaisse sur les eaux. De ci de là, quelques bouquets d'arbres laissent entrevoir par intervalles une échappée lumineuse sur la plaine.

Signé à droite : Jules Dupré.

Toile. Haut., 36 cent.; larg., 45 cent.

DUPRÉ

(JULES)

45 — Marine.

Malgré la violence de la mer, un bateau est sorti afin de gagner le large, où la pêche sera plus fructueuse.

Signé à droite : Jules Dupré.

Toile. Haut , 35 cent.; larg., 55 cent.

DUPRÉ
(JULES)

46 — Le Pont de l'Isle-Adam.

Signé à droite : J. Dupré.

Toile. Haut., 98 cent.; larg., 95 cent.

(Vente Jules Dupré.)

DUPRÉ
(J.)

47 — La Passerelle.

Signé à gauche : J. Dupré.

Toile. Haut., 65 cent.; larg., 54 cent.

ÉCOLE ANGLAISE

48 — Portrait d'homme.

Toile. Haut., 78 cent.; larg., 62 cent.

ÉCOLE ANGLAISE

49 — Paysage.

Toile. Haut., 45 cent.; larg., 55 cent.

FLAMENG

50 — Coquetterie.

Une jeune femme aux cheveux blonds ondulés, coiffée d'un grand chapeau dont la couleur sombre est relevée d'un nœud jaune, retient de sa main droite sa pelisse, qui laisse à découvert une épaule aux contours fins et délicats.

Signé à gauche et en haut : Flameng.

Toile. Haut., 80 cent.; larg., 72 cent.

FLEURY-CHENU

51 — Effet de neige.

>Des enfants, au sortir de l'école, s'amusent à se jeter des boules de neige.
>
>Signé à gauche : Fleury Chenu, 1867.
>
>>Haut., 77 cent.; larg., 1 m. 30 cent.
>
>*(Salon de 1867.)*

FORTUNY

52 — Sentinelle arabe.

Debout devant l'entrée, un soldat, la tête enveloppée de son burnous, est de garde, l'arme au pied.

Signé à gauche du cachet de la vente.

Toile. Haut., 25 cent.; larg., 15 cent.

(Vente Fortuny.)

FORTUNY

53 — Cour de la Giralda, à Séville.

Porte à gauche le cachet de la vente.

Toile. Haut., 60 cent.; larg., 80 cent.

(Vente Fortuny.)

FRAGONARD

54 — Scène galante.

Haut., 23 cent.; larg., 18 cent.

(Vente Didier, 1868.)

FROMENTIN

(EUG.)

55 — Centaures et Centauresses.

Dans une clairière que bordent de grands arbres touffus, des centauresses sont étendues dans des poses gracieuses sur le gazon d'un vert tendre émaillé de pâquerettes.

Devant elles, de jeunes centaures montrent leur adresse en s'exerçant au tir à l'arc.

L'un d'eux a déjà abattu un aigle magnifique, tombé blessé aux pieds de l'une d'elles.

L'adroit tireur, afin d'empêcher sa proie de s'échapper, appuie son sabot sur l'une de ses ailes, tandis que, brandissant un javelot de sa main gauche, il s'apprête à l'achever. Jaloux de cet exploit, un de ses compagnons, l'arc bandé, se dispose à faire une nouvelle victime.

A gauche, par un chemin qui descend de la montagne, un autre centaure portant son arc et ses flèches vient rejoindre les tireurs.

Signé à droite : Fromentin, 1868.

Toile. Haut., 2 mètres; larg., 1 m. 30 cent.

(Salon de 1868.)

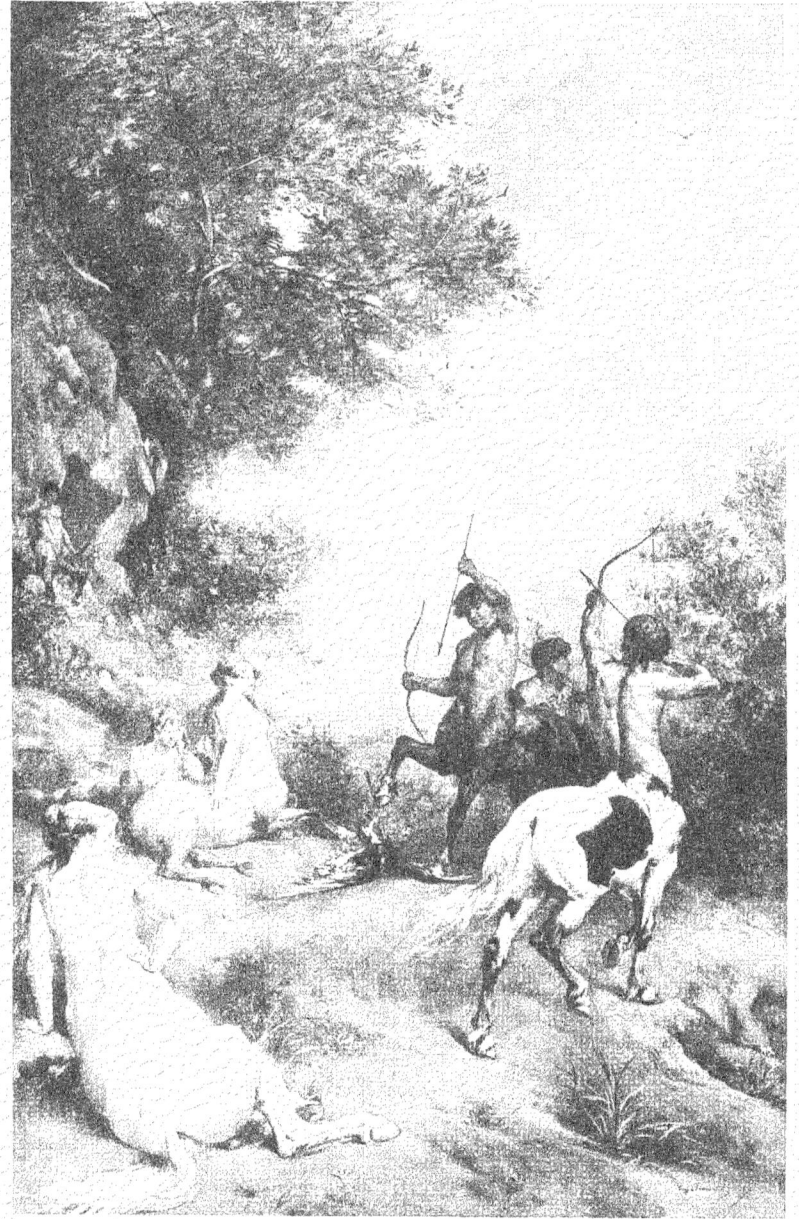

CENTAURES ET CENTAURESSES

GÉRICAULT

56 — Son portrait par lui-même.

Toile. Haut., 30 cent.; larg., 30 cent.

GOUPIL
(JULES)

57 — Une Coquette.

Signé à droite : Jules Goupil.

Haut., 45 cent.; larg., 36 cent.

GOUPIL

(JULES)

58 — Amazone.

GREUZE (?)

59 — Tête de jeune fille.

Haut., 40 cent.; larg., 32 cent.

GUILLARD

(Mlle)

60 — Portrait d'homme.

Toile. Haut., 55 cent.; larg., 45 cent.

INCONNU

61 — Portrait d'homme.

Peinture très fine.

ISABEY

(EUG.)

62 — La Tempête.

Un navire est en détresse et va se briser sur la côte. Des marins se hâtent de mettre une barque à la mer déchaînée, afin de se porter au secours du bâtiment.

Signé à gauche : E. I., 1857.

Toile. Haut., 20 cent.; larg., 40 cent.

JACQUAND

63 — Le Grand Escalier à l'hôtel de ville de Gand.

Signé à droite : G. Jacquand.

Haut., 34 cent.; larg., 58 cent.

JACQUE
(CH.)

64 — Le Pâturage.

Sur le vert coteau d'une colline, le berger a conduit son troupeau. Il s'est couché et les moutons paissent l'herbe tendre émaillée de fleurettes.

A gauche, un bouquet d'arbres ; dans le fond, des meules et un bois.

Remarquable tableau, d'une grande finesse d'exécution.

Signé à gauche : Ch. Jacque.

Toile. Haut., 42 cent.; larg , 68 cent.

JACQUE

(CH.)

65 — Le Pâturage.

Dans un pré, sur la lisière d'une forêt, des moutons paissent en repos. La journée a été lourde et le berger accablé se repose sur un talus ; des nuages menaçants qui roulent dans le ciel font craindre un violent orage.

Signé à gauche : Ch. Jacque.

Toile. Haut., 70 cent.; larg., 1 mètre.

JACQUET

66 — Jeune Fille.

Elle est vêtue d'un costume blanc Empire. Elle est assise et tient sur ses genoux des roses thé.

Signé à droite et en haut.

Toile. Haut., 32 cent.; larg., 25 cent.

LEFEBVRE

(JULES)

67 — Marie-Madeleine dans la grotte.

Au pied de hauts rochers, Madeleine, ses cheveux d'or dénoués et répandus autour d'elle, est paresseusement étendue au bord d'un lac aux eaux limpides. De grandes collines bleues coupent la ligne d'horizon.

Œuvre des plus remarquables.

Signé à droite : Jules Lefebvre.

Toile. Haut., 68 cent.; larg., 1 m. 12 cent.

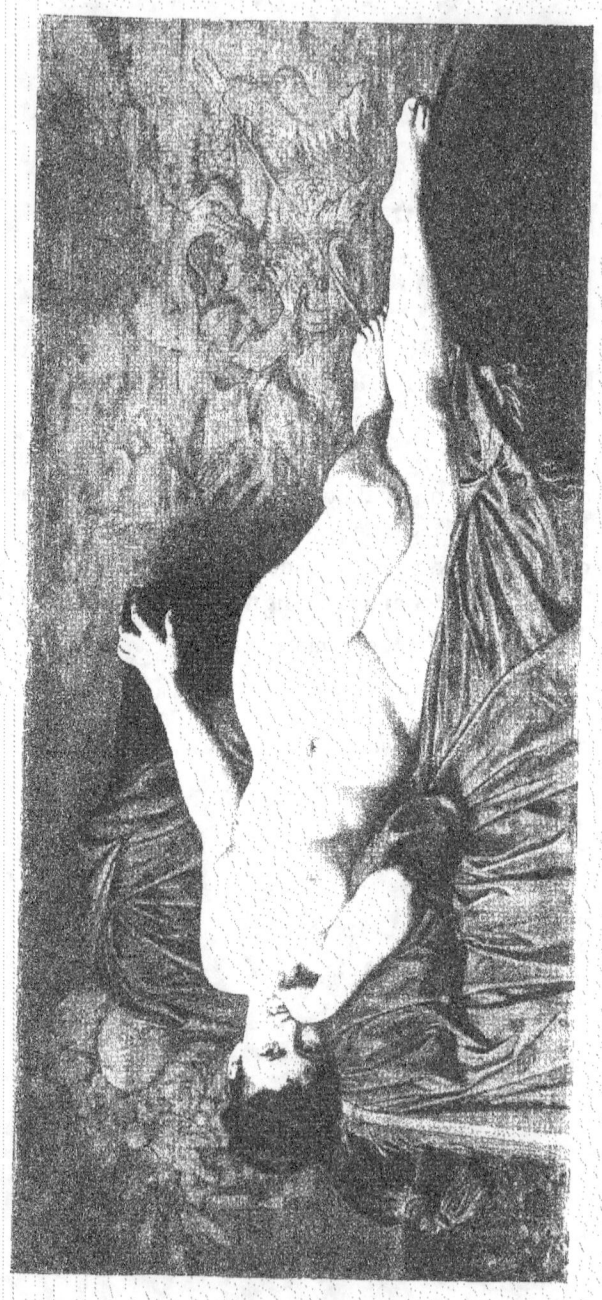

LEFEBVRE

(JULES)

68 — Femme nue.

Sur un canapé de velours grenat, recouvert d'un châle de même nuance, mais d'un ton un peu plus clair, une femme nue est nonchalamment étendue, pensive. De sa main gauche elle s'appuie sur un coussin. Son bras droit est gracieusement replié et sa main devant sa bouche lui donne une allure paresseuse. Des rubans bleus font valoir les reflets dorés de sa chevelure et donnent à ses yeux largement ouverts une attitude de rêverie que l'artiste a rendue d'une façon remarquable dans cette œuvre importante.

Le modelé harmonieux et la transparence des chairs font de ce tableau un des meilleurs de l'artiste.

Signé à gauche : J. Lefebvre. 1868.

Haut., 90 cent.; larg , 1 m. 90 cent.

(*Salon de 1868.*)

LEHMANN

(GEORGES)

69 — L'Heureux Réveil.

Une femme est couchée, la tête appuyée sur le bras droit. La chemise a glissé et laisse apercevoir un peu du sein.

Signé en haut et à droite.

Toile. Haut., 38 cent.; larg., 44 cent.

LEHMANN

(G.)

70 — L'Amazone.

Vêtue d'un costume bleu à larges revers, époque du Directoire, et coiffée d'un grand chapeau de feutre gris à plume blanche, elle est assise dans un fauteuil, tenant sa cravache des deux mains.

Signé en haut et à droite.

Toile. Haut., 1 m. 30 cent.; larg., 1 mètre.

MALLET

71 — Psyché enlevée par les Amours.

Toile. Haut., 32 cent. ; larg., 23 cent.

MEISSONIER
(E.)

72 — Le Peintre au chevalet.

Vêtu de noir, assis sur un tabouret, tournant le dos aux spectateurs, l'artiste dessine sur un portefeuille qu'il tient sur les genoux. Il copie un tableau placé sur son chevalet et qui représente une femme nue couchée. Un beau désordre règne dans l'atelier; son portefeuille, plein de dessins, est ouvert auprès de lui. Contre le mur, retournée, une grande toile à forme cintrée, sur laquelle est appuyé un tableau inachevé, représentant une nature morte; sur un meuble dont on ne voit qu'un coin, quelques livres; à terre, deux flacons.

Sur le mur, le peintre a crayonné des dessins et des noms parmi lesquels on lit celui de M. Didier, rue de Hanovre, pour qui le tableau avait été fait, et la signature du maître : E. Meissonier, à Poissy, 1852.

Tableau d'une exécution large, ferme et précise; l'effet de lumière sans ombre, joint à la similitude des tons, en fait une page d'une grande harmonie, une des plus célèbres du maître.

Bois. Haut., 21 cent.; larg., 14 cent.

(Vente Henri Didier, 1868.)

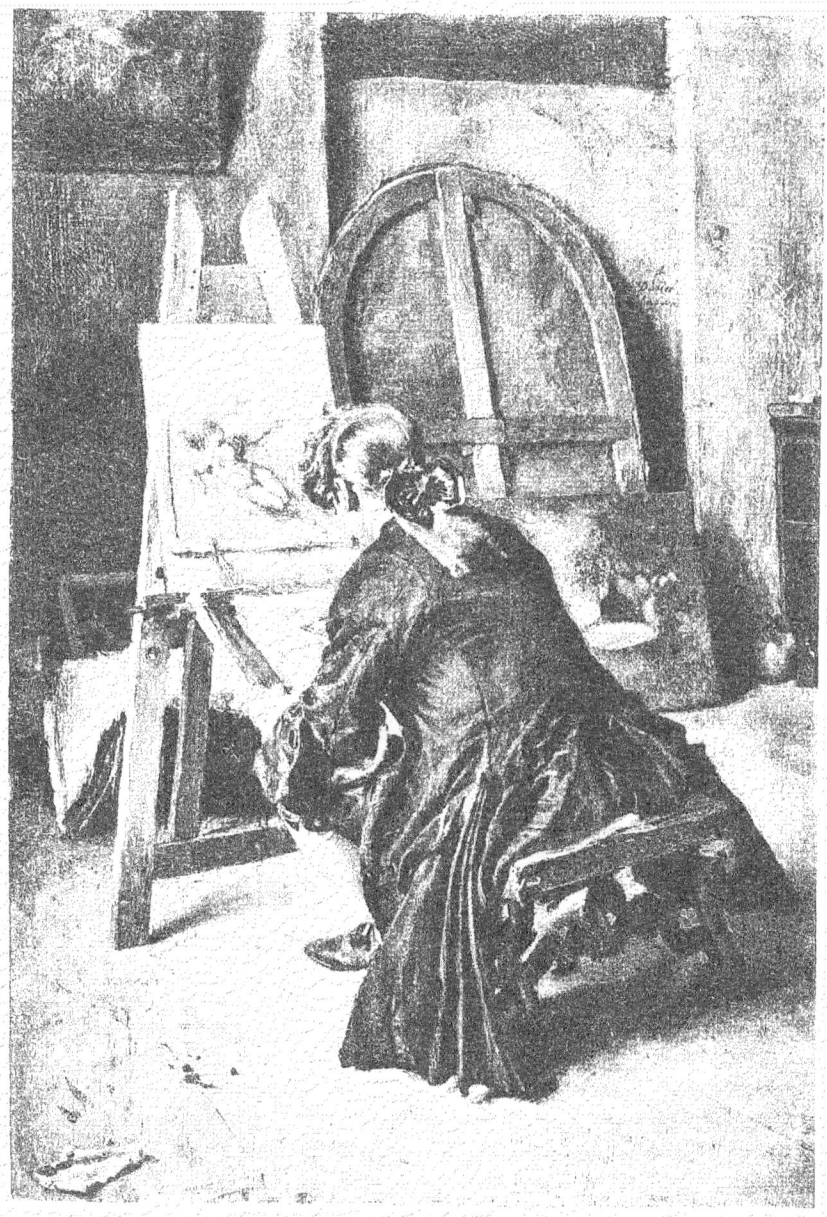

MEISSONIER

(E.)

73 — Saint Paul.

Le saint, tenant de sa main droite les Évangiles, s'appuyant sur son épée de sa main gauche, est représenté dans une attitude méditative.

Ce tableau a été fait pour illustrer *les Évangiles*, de Curmer.

Toile signée à droite du monogramme : E M, 1838.

Toile très intéressante comme point de départ du maître.

Haut., 89 cent.; larg., 72 cent.

MEISSONIER

(E.)

74 — Le Colonel Massue.

Il est en petite tenue et coiffé du bonnet de police.

Signé à droite en haut : E. Meissonier, 1887, et porte la dédicace : Au colonel Félix Massue, souvenir affectueux.

Haut., 13 cent.; larg., 11 cent.

MÉRY

75 — Le Cerisier.

Salon de 1868.

Toile. Haut., 2 mètres; larg., 1 m. 40 cent

MICHEL
(GEORGES)

76 — La Plaine.

Dans un paysage dénudé, à l'horizon lointain, un chemin serpente autour de hauts coteaux.

Toile. Haut., 48 cent.; larg., 65 cent.

MICHEL

(G.)

77 — Crépuscule.

Dans un paysage désolé, un homme à cheval apparaît au détour d'une colline, suivant un chemin, qui en serpentant monte et va se perdre sur les hauteurs.

Toile. Haut., 60 cent.; larg., 78 cent.

MILLET

(J. F.)

78 — La Résurrection de Lazare.

Le saint vient de ressusciter et sa sœur le soutient au sortir du tombeau.

Exposition J. F. Millet.

Toile. Haut., 45 cent.; larg., 32 cent.

NATTIER

79 — Jeune Femme.

Une jeune femme au teint rosé, à la chevelure poudrée, est représentée de face, légèrement décolletée, habillée d'une robe rose.

Une plume noire, piquée dans sa chevelure et maintenue par un ruban clair, fait ressortir les tons délicats de ce joli portrait.

A figuré à l'Exposition Universelle de 1878.

Toile. Haut., 35 cent.; larg., 27 cent.

(*Vente Daru.*)

NITTIS
(DE)

80 — Parisienne.

Bois. Haut., 40 cent.; larg , 26 cent.

PAHL
(L. DE)

81 — Paysage.

Signé du cachet de la vente.

Haut., 75 cent.; larg., 1 m. 5 cent.

PAHL

(DE)

82 — Paysage.

Haut., 42 cent.; larg., 29 cent.

PRUD'HON

83 — L'Innocence.

Une jeune fille nue, assise au bord d'un ruisseau, se mire dans l'eau en relevant ses cheveux. Les amours voltigent autour d'elle.

Tableau d'une délicatesse infinie.

Haut., 24 cent.; larg., 20 cent.

(*Vente Boisfremont.*)

REMBRANDT
(ÉCOLE DE)

84 — Tête de vieillard.

Toile. Haut., 65 cent.; larg., 50 cent.

RIBARZ

85 — Les Landes.

Signé à droite : Ribartz, 1879.
Haut., 40 cent.; larg., 75 cent.

RIESENER

(L.)

86 — Une Bacchante.

Une bacchante nue, la chevelure dénouée, est étendue sur des étoffes brillantes; de sa main gauche elle tient une grappe de raisins noirs. Un tigre se roule à ses côtés et lui lèche la main droite.

Signé à droite : L. Riesener 1886.

<small>Toile. Haut., 1 m. 10 cent.; larg., 1 m. 25 cent.</small>

(A figuré à l'Exposition universelle de 1889.)
(Exposition nationale de l'Art français.)

RIGAULT
(H.)

87 — Études de costumes.

Signé à droite.

Toile. Haut., 37 cent.; larg., 57 cent.

RIGAULT
(H.)

88 — Études de casques.

Toile. Haut., 16 cent.; larg., 36 cent.

ROMANI

(Mlle DE)

89 — Portrait de Vestris II ou Vestris Allard.

> Haut., 96 cent.; larg., 75 cent.

ROMANI

(Mlle DE)

90 — Portrait de Fleury, de la Comédie-Française.

> Toile. Haut., 72 cent.; larg., 60 cent.

ROSSANO

91 — La Moisson.

Signé à droite : Rossano.

Haut., 48 cent.; larg., 72 cent.

ROUSSEAU
(PH.)

92 — L'Ombrelle.

Contre un vieux mur, une branche lourdement chargée de roses grimpantes aux couleurs harmonieuses se détache au milieu de feuilles d'un ton vert tendre, Une rose s'est effeuillée sur une ombrelle ouverte et les pétales de la fleur donnent une note joyeuse à sa couleur bleu clair. Au pied du mur, un panier à demi plein, un sécateur et un gant abandonné.

Signé à droite : Ph. Rousseau, 1869.

Toile. Haut., 1 m. 30 cent.; larg., 98 cent.

(*Salon de 1869.*)

ROUSSEAU

(PH.)

93 — La Ruche.

Dans une cruche, des coquelicots, dans une jardinière, des roses blanches et des pavots, cachent en partie une ruche où rentre un essaim d'abeilles.

Signé à droite : Ph. Rousseau.

Toile. Haut., 1 m. 30 cent.; larg., 98 cent.

(*Salon de 1868.*)

ROUSSEAU

(PH.)

94 — Nature morte.

Sur une table de cuisine, une bouilloire, un pied de céleri, une tranche de potiron, un chou rouge et un hareng.

Signé à droite : Ph. Rousseau.

Haut., 53 cent.; larg., 68 cent.

ROUSSEAU

(TH.)

95 — La Mare.

Dans une plaine, bordée au loin par quelques grands arbres, une femme vient prendre de l'eau dans une mare qui se trouve au premier plan. Le soir approche; quelques légers nuages courent dans le ciel.

Signé à gauche : Th. Rousseau.

Bois. Haut., 15 cent.; larg., 31 cent.

ROUSSEAU

(TH.)

96 — Crépuscule.

L'horizon est encore enflammé des derniers rayons du soleil couchant.

Sur une route bordée de quelques bouquets d'arbres, une charrette s'achemine doucement vers le village. Le ciel, où courent de gros nuages, éclaire sombrement ces landes désertes.

Signé à gauche du monogramme : Th. R.

Bois. Haut., 29 cent.; larg., 25 cent.

ROUSSEAU

(TH.)

97 — Le Cerf.

Signé en bas, à droite : T. R.

Bois. Haut., 27 cent.; larg., 45 cent.

SOLDI

98 — Portrait du sculpteur Richbrach.

Le sculpteur, représenté presque en pied, tient de la main gauche un compas, tandis que de la droite il montre un Hercule qu'il vient de terminer. Il est revêtu d'un costume brun sombre, d'un gilet rouge, et est coiffé de sa toque d'atelier.

Toile. Haut., 1 m. 18 cent.; larg., 92 cent.

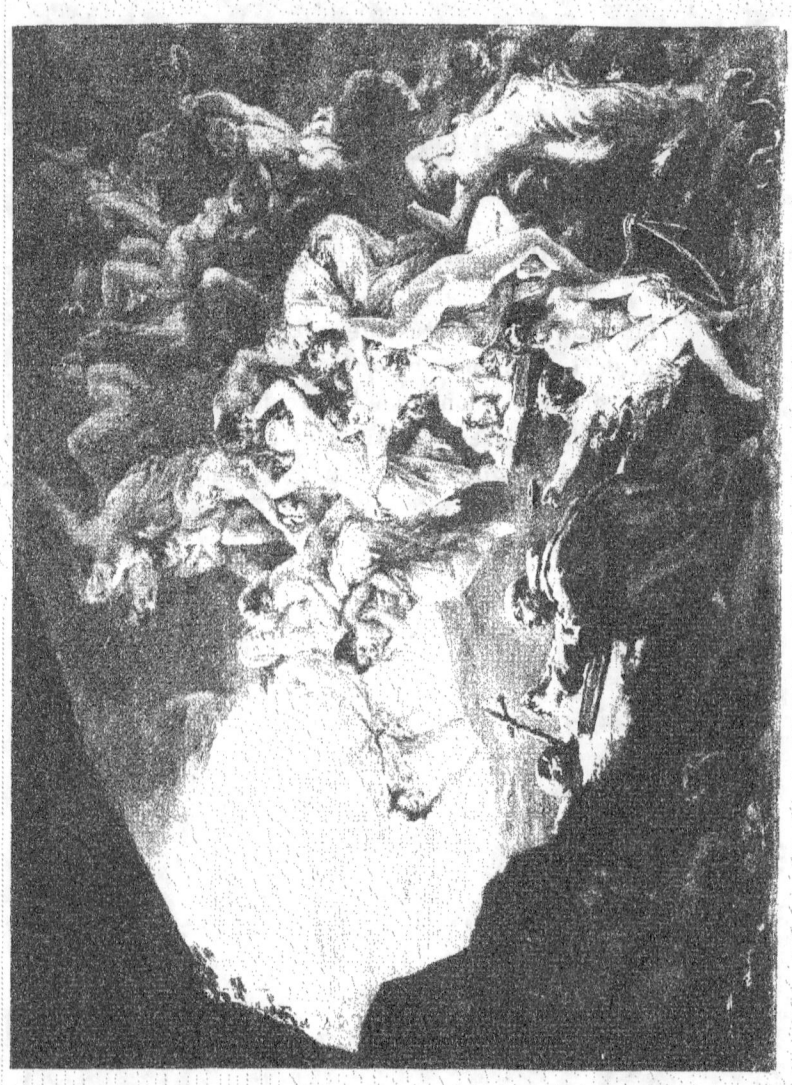

TASSAERT

(O.)

99 — La Tentation de saint Hilarion.

Le saint, agenouillé à l'entrée de la caverne, est penché sur son livre de prières ; son grand front chauve s'argente aux rayons de la lune. Il est forcé aux distractions par une troupe de jeunes femmes qui se suspendent autour de lui dans les attitudes les plus gracieusement provocantes, les plus irrésistiblement voluptueuses qu'on puisse imaginer. Celle-ci montre les blanches poésies de son sein ; celle-là ses épaules que satine la lune ; l'une fait onduler sa hanche souple comme l'onde ; l'autre cambre ses reins opulents. La blonde noie sous ses longues paupières une étincelle d'azur et tend ses beaux bras pâmés ; la brune fait scintiller l'éclair de son rire dans sa bouche de grenade. D'autres encore, ne se fiant pas à leurs charmes seuls, tiennent des vases de cristal où brillent en topazes et en rubis les vins les plus enivrants. Tout cela rit, babille, monte et descend, se groupe, s'élance, se dénoue, changeante guirlande de chair blanche et rose que la lueur du ciel bleuit d'un côté et le reflet de l'enfer illumine de l'autre.

Les groupes aériens, écrivait Théophile Gautier, sont jetés avec beaucoup de grâce et de hardiesse; ils plafonnent bien et renferment une foule de raccourcis très bien sentis et qui donnent du mouvement et de la nouveauté aux lignes.

Tableau remarquable dans l'œuvre du maître.

Toile signée au milieu : Octave Tassaert, 1857.

Haut., 72 cent.; larg., 92 cent.

(Vente Davin, 1874.)

TASSAERT

(O.)

100 — Bacchus et Érigone.

La nymphe, couchée sur une peau de panthère, à l'ombre d'une vigne aux pampres épais, frémit dans son demi-sommeil sous le baiser dont l'effleure le jeune dieu, qui, la tête souriante, passe à travers les feuilles écartées. Œuvre d'un jet hardi, et peinte avec une rare souplesse.

Signé à droite, 1858.

Toile. Haut., 41 cent.; larg., 33 cent.

TASSAERT

(O.)

101 — La Liseuse endormie.

Fatiguée d'une trop longue lecture, une jeune femme vient de s'endormir sur un canapé. Sa tête repose sur deux coussins, à côté du roman à moitié lu. Le mouvement qu'elle a fait en s'endormant a légèrement dérangé sa jupe, et on aperçoit une jambe dont le bas blanc bien tiré laisse admirer les contours délicats. Les mains et la figure sont d'une exécution remarquable par la finesse et la transparence des tons.

Signé deux fois : à gauche, Octave Tassaert, 1873, et, à droite, du monogramme et de la même date.

Toile. Haut., 25 cent.; larg., 19 cent.

TASSAERT

(O.)

102 — Pauvres enfants !

Au seuil d'une maison, deux enfants se sont assis, défaillants, sur une marche toute blanche de neige. L'aînée, déjà toute glacée par le froid, les mains jointes, semble implorer la pitié. La plus petite, frileusement pelotonnée contre sa sœur, réchauffe avec son haleine ses petits doigts glacés.

Signé à droite : O. Tassaert, 1855.

Toile. Haut., 30 cent.; larg., 24 cent.

TASSAERT

(O.)

103 — La Madeleine aux anges.

Régénérée par la pieuse lecture qu'elle a faite, la Madeleine assoupie est visitée par les anges qui, dans un rêve, lui font entrevoir la béatitude céleste.

Charmant tableau d'une fine exécution et d'une délicatesse de tons fort remarquable.

Signé à droite : Octave Tassaert, 1868.

Toile. Haut., 41 cent.; larg., 31 cent.

TASSAERT

(O.)

104 — Rêve.

Une jeune fille s'est endormie en lisant un roman. Pendant son sommeil, des amours volent autour d'elles et la hantent dans ses rêves.

Signé du monogramme : O. T., à droite.

Haut., 38 cent.; larg., 26 cent.

TASSAERT

(O.)

105 — Le Calendrier des Vieillards.

« Le Calendrier des vieillards représente un respectable bourgeois à figure maussade et mécontente, qui montre un calendrier de cabinet à sa femme. — Madame est au lit, jambe pendante, dos tourné et paupières closes. — Monsieur est debout, en robe de chambre à ramages et en bonnet de coton. — Madame est en peignoir et se montre ensevelie sous ses couvertures. — Monsieur est vieux. — Madame est jeune... »

Henri Ribardeux.

Toile. Haut., 30 cent.; larg., 25 cent.

(*Exposition de Bordeaux.*)

TASSAERT

(O.)

106 — Le Calendrier des Vieillards.

Représente la même scène que le précédent, sauf que la femme couchée est vue de dos, la chemise relevée.

Toile. Haut., 31 cent.; larg., 23 cent.

TASSAERT

(OCTAVE)

107 — La Transfiguration de la Madeleine expirante.

La Madeleine défaillante est étendue sur une tombe, ses cheveux dénoués. Elle entoure la croix de son bras droit et sa main retombe sur son livre de prières.

Des anges viennent la soutenir dans ses derniers moments et lui apporter le suprême pardon. Une figure qui la représente pardonnée et transfigurée s'élève dans le fond vers le ciel. Cette Madeleine expirante a cette grâce et cette puissance qu'on retrouve toujours chez ce peintre, quel que soit le sujet qu'il traite.

Signé à gauche : Octave Tassaert.

Toile. Haut., 73 cent.; larg., 58 cent.

(Vente Davin, 1874.)
(Vente Laurent Richard, 1878.)

TASSAERT

(O.)

108 — La Jeune Fille mourante.

Une jeune fille malade, couchée sur un grabat, repose doucement, les mains croisées sur la poitrine. La mère, assise auprès du lit, la regarde tendrement. Une lampe éclaire cette scène de sa douce clarté.

Toile. Haut., 46 cent.; larg., 38 cent.

TASSAERT

(OCTAVE)

109 — Femme accroupie.

Au pied d'un arbre, une bacchante s'est endormie. Les gazes légères qui la recouvraient ont glissé et laissent admirer des chairs fines, transparentes et où l'effet agréable est rendu dans un ton harmonieux. De sa main entr'ouverte s'échappent quelques fleurs qu'elle avait cueillies.

Signé à gauche du monogramme : O. T.

Toile. Haut., 25 cent.; larg., 19 cent.

TASSAERT

(O.)

110 — Le Coucher.

Une jeune femme vient de se déshabiller et, nue, elle s'apprête à mettre sa chemise de nuit qui est étendue sur le lit.

Signé à droite : O. Tassaert, 1860.

Toile. Haut., 41 cent.; larg., 33 cent.

TASSAERT

(O.)

111 — La Grand'mère mourante.

La grand'mère, assise dans un fauteuil, fait les dernières recommandations à sa petite-fille, qui l'écoute à ses genoux.

Dans le fond, un enfant, les mains jointes, les regarde avec attendrissement.

Signé à gauche : Tassaert, 1857.

Toile. Haut., 47 cent.; larg., 38 cent.

TASSAERT

(O.)

112 — Tentation de saint Antoine. (Fragment.)

De la plus belle qualité du peintre.

Toile. Haut., 27 cent.; larg., 23 cent.

TASSAERT

(O.)

113 — Portrait de l'auteur.

Toile. Haut., 41 cent.; larg., 33 cent.

(*A figuré à l'Exposition des Portraits du siècle.*)

TASSAERT

(O.)

114 — Baigneuses.

Au bord d'un lac enfoui dans une forêt profonde, trois jeunes femmes se préparent à aller au bain. L'une d'elles est déjà entrée dans l'eau et presse sa compagne, qui semble hésiter par frayeur. La troisième, à demi devêtue, est gracieusement assise sur l'herbe et attend en riant la fin de ce charmant débat.

Daté 1857.

Toile. Haut., 73 cent.; larg., 59 cent.

TASSAERT

(O.)

115 — Une Famille malheureuse.

L'ouvrage manque, l'hiver est froid et la faim arrive avec son agonie hideuse. . . . déjà la flamme bleue voltige et danse dans le réchaud. . . . .
La tête de la jeune fille, ployée sous le vertige de l'asphyxie, a une expression douloureuse bien saisie et bien rendue. La mère lève les yeux au ciel et semble s'excuser près de Dieu de commettre ce crime.

Toile. Haut., 65 cent.; larg., 55 cent.

(*Réduction du tableau du Luxembourg.*)

TASSAERT

(O.)

116 — Marquise.

Une jeune femme poudrée, en costume du temps de Louis XV, assise, admire un bouquet qu'on lui a envoyé.

Toile. Haut., 22 cent.; larg., 18 cent.

TASSAERT

(O.)

117 — Bacchus et Érigone.

La jambe droite repliée, la nymphe est endormie, couchée sur des gazes légères, dont les couleurs harmonieuses font valoir le fin modelé des chairs. De son bras gracieusement arrondi, elle protège son charmant visage.

Bacchus, le regard enflammé, contemple avec ivresse la grâce exquise de ce corps aux formes juvéniles.

Toile signée du monogramme : O. T.

Haut., 36 cent.; larg., 29 cent.

TASSAERT

(O.)

118 — Mirabeau et le marquis de Dreux-Brézé.

Ce tableau représente le moment de la séance des États généraux où le marquis de Dreux-Brézé, grand-maître des cérémonies, invitant les députés du tiers état à se séparer sur-le-champ, reçut de Mirabeau l'apostrophe fameuse : « ... Si l'on vous a chargé de nous faire sortir d'ici, vous devez demander des ordres, pour employer la force, car nous ne quitterons nos places que par la force des baïonnettes... »

Esquisse de concours.

Toile. Haut., 73 cent.; larg., 1 m. 3 cent.

TASSAERT

119 — La Vierge au turban.

TASSAERT

120 — La Fille au chardonneret.

TASSAERT

121 — Le Rêve dans la mansarde.

TASSAERT

122 — Enfant morte enlevée au ciel par les anges.

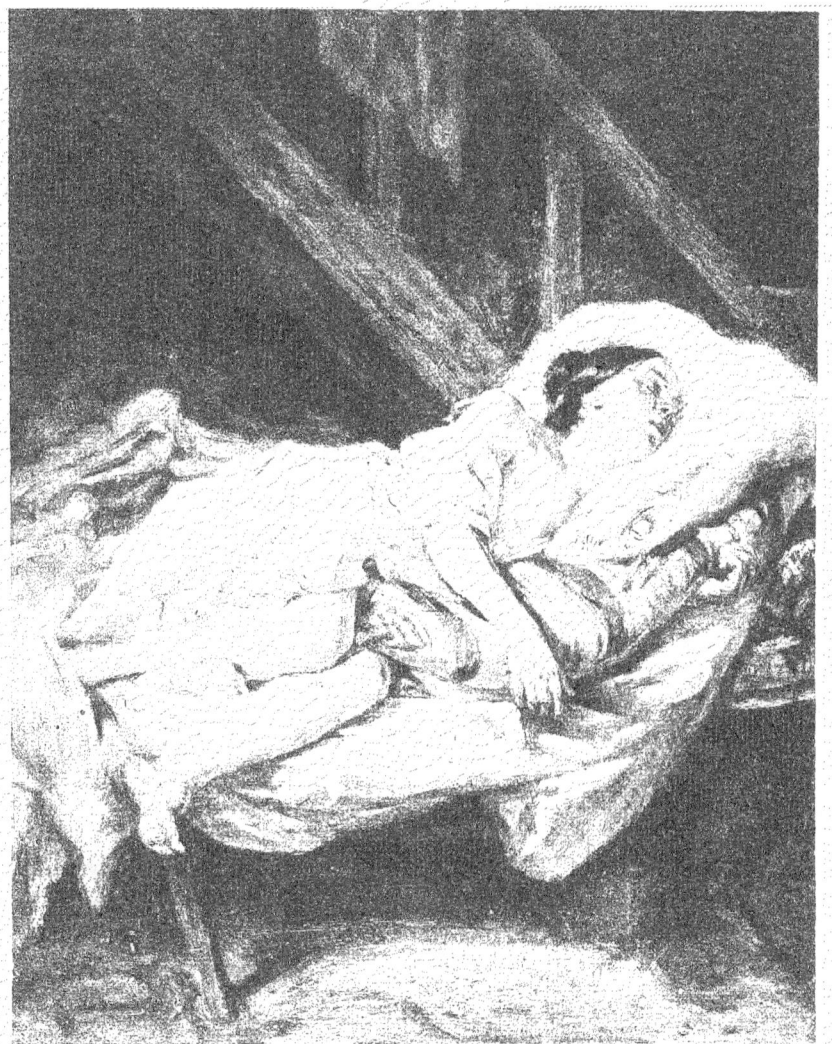

TASSAERT

123 — Assomption de la Vierge.

La Vierge, vêtue de rose et enveloppée d'un manteau bleu, est soutenue par les anges, qui la transportent vers le ciel, en l'entourant de guirlandes de fleurs.

Signé à droite : Oct. Tassaert, 1859.

Toile. Haut., 53 cent.; larg., 45 cent.

(*Vente Davin, 1874.*)

TASSAERT

124 — Misère.

TASSAERT

(O.)

125 — Léda.

Sur une rive verdoyante et au pied d'un grand arbre touffu, le cygne vient de sortir de l'onde. Léda le caresse. Elle est vue de dos, la tête largement inclinée, et porte dans sa coiffure des perles qui font valoir les tons blonds de sa chevelure.

Signé à droite du monogramme : O. T.

Toile. Haut., 37 cent.; larg., 26 cent.

TASSAERT

(O.)

126 — Sarah la baigneuse.

> Sarah, belle d'indolence,
> Se balance
> Dans un hamac, au-dessus
> Du bassin d'une fontaine,
> Toute pleine
> D'eau puisée à l'Ilissus.
> (Victor Hugo.)

Haut., 46 cent.; larg., 33 cent.

(Vente Arosa.)

TASSAERT

(O.)

127 — La Femme au petit chien.

Une jeune femme, couchée sur un sofa, s'amuse à forcer un petit chien de se tenir en équilibre sur son pied qu'elle lève.

Sa robe a glissé et laisse apercevoir la jambe droite au bas bien tiré.

Toile. Haut., 33 cent.; larg., 24 cent.

TASSAERT

(O.)

128 — Rêve de la France; souvenir de la translation des cendres de Napoléon.

> Napoléon, sur son rocher, entouré des rois de France, assiste au départ de son cercueil ballotté par les flots, sur lequel se trouvent les emblèmes impériaux.
>
> Signé à droite : O. Tassaert.
>
> Toile. Haut., 12 cent.; larg., 60 cent.

(Vente Davin.)

TASSAERT

(O.)

129 — L'Assomption de la Vierge.

La Vierge, vêtue de rose et enveloppée d'un manteau bleu, est enlevée par les anges, qui l'emportent vers les régions éthérées.

Signé à droite : Tassaert, 1858.

Toile, forme cintrée. Haut., 54 cent.; larg., 44 cent.

TASSAERT

(O.)

130 — Le Dénicheur d'oiseaux.

L'imprudent est monté jusqu'au sommet de l'arbre pour s'emparer du nid, mais la branche, trop faible, a cédé, et il est tombé au pied de l'arbre où il gît inanimé; quelques gouttelettes de sang tachent sa chemise blanche, et le nid tant convoité a roulé à ses côtés.

Signé à gauche : O. Tassaert.

Toile. Haut., 46 cent.; larg., 56 cent.

(*Vente M.*, *1854*.)

TASSAERT

(O.)

131 — Au Jardin des Oliviers.

       Toile. Haut., 45 cent.; larg., 36 cent.

TASSAERT

(O.)

132 — Tête de femme.

  Signé à droite.

       Toile. Haut., 40 cent.; larg., 32 cent.

TASSAERT

(O.)

133 — Sommeil de l'Enfant Jésus.

Daté 1854.

Haut., 46 cent.; larg., 38 cent.

TASSAERT

(O.)

134 — L'Assomption de la Vierge.

La Vierge est entourée d'anges qui l'enlèvent, sur un nuage, vers le ciel.

Signé du monogramme : T.

Bois. Haut., 35 cent.; larg., 27 cent.

TASSAERT
(O.)

135 — Mélancolie.

Bois. Haut., 34 cent.; larg., 26 cent.

TASSAERT

136 — L'Enfant Jésus endormi sur sa croix, entouré d'anges, enfants comme lui, qui le regardent dormir.

TRINQUESSE

137 — Portrait de sa mère.

Toile. Haut., 1 m. 20 cent.; larg., 95 cent.

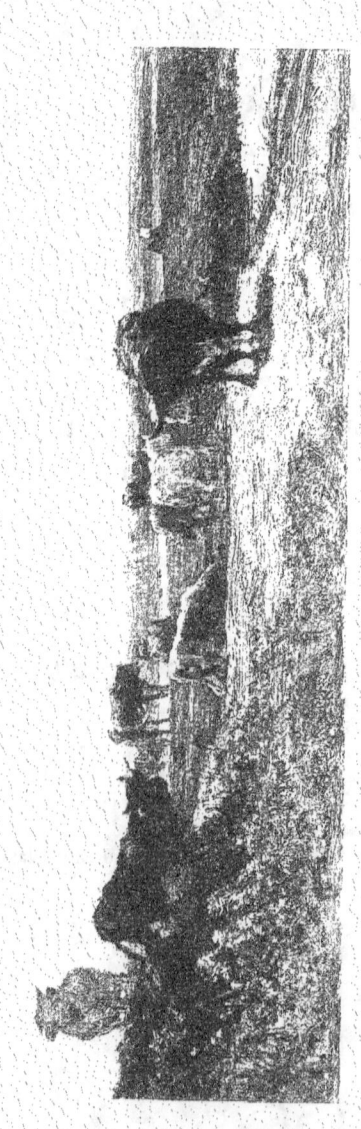

TROYON

(C.)

138 — Pâturage.

Par une chaude journée d'été, un troupeau de vaches et des chevaux paissent dans la vallée de la Toucque.

A gauche, un monticule verdoyant d'où descendent deux vaches, une blanche et une noire; à droite, une mare où est venue s'abreuver une vache brune Baignée dans les vapeurs, on aperçoit, dans le fond, une prairie où paissent d'autres vaches. Des collines boisées se perdent dans les lignes d'horizon.

C'est la fin du jour; le ciel, où roulent de gros nuages, est resplendissant de chaudes clartés et dore tout le paysage d'une harmonieuse coloration.

Signé à gauche du monogramme.

Bois. Haut., 31 cent.; larg., 40 cent.

TROYON

139 — Vue de montagnes dans les Pyrénées.

Toile. Haut., 50 cent.; larg., 62 cent.

TROYON

140 — Cupidon.

Haut., 21 cent.; larg., 18 cent.

(Vente Baroilhet.)

TROYON

141 — Vaches s'abreuvant.

Étude.

Haut., 40 cent.; larg., 52 cent.

TROYON

142 — Le Bac.

Belle étude.

Toile. Haut., 68 cent.; larg., 88 cent.

TROYON

143 — Les Landes.

Étude.

Toile. Haut., 70 cent.; larg., 1 mètre.

TROYON

144 — Le Retour du marché.

Étude.

Toile. Haut., 90 cent.; larg., 70 cent.

TROYON

145 — Vache noire et blanche.

Étude.

TROYON

146 — Vache rousse.

Bois. Haut., 55 cent.; larg., 45 cent.

TROYON

(C.)

147 — Paysage de Normandie.

Toile. Haut., 27 cent.; larg., 35 cent.

VAN BALLEM

148 — Scène de patinage en Hollande.

VERONÈSE

(PAUL)

149 — Les Amours ayant dérobé la massue d'Hercule.

Panneau décoratif.

Toile. Haut., 1 m. 54 cent.; larg., 48 cent.

VIGÉE-LE BRUN

(Mme)

150 — Portrait de femme.

D'une couleur et d'une expression remarquables.

S... et daté à droite.

Haut., 48 cent.; larg., 35 cent.

VINCENT

(BARON)

151 — Homme d'église.

Signé à droite : Vincent, 1775.

Haut., 50 cent.; larg., 42 cent.

VOLLON

(A.)

152 — Le Potiron.

En groupant dans ce tableau une tranche de potiron, des tomates, un pied de céleri, une anguille, un pot en étain et un chaudron de cuisine, le peintre a fait une œuvre remarquable, tant par la belle ordonnance de cette nature morte que par la magistrale exécution.

Signé à droite : A. Vollon.

Toile. Haut., 78 cent.; larg., 98 cent.

VOLLON

(A.)

153 — Le Casque du roi Henri II.

Sur une table, l'épée, le heaume et le casque du roi Henri II. Cette armure, richement damasquinée d'or, est rendue dans ce tableau avec une puissance de détails et une intensité de reliefs qui donnent à cette œuvre une allure vraiment admirable.

Signé à gauche : A. Vollon.

Toile. Haut., 68 cent.; larg., 51 cent.

VOLLON

(A.)

154 — Le Tréport.

Un coin du bassin vu à marée basse ; au premier plan, échoué sur le sable, un bateau de pêche avec sa barque; plus loin, un navire dont une partie du chargement de bois est déjà débarquée ; à gauche et sur la grève, quantité de bateaux de pêche avec leurs voiles, barques et canots. Au loin, la mer sillonnée de voiles. A gauche, le Tréport et la digue, où s'agitent de nombreux personnages.

Tableau remarquable, un des meilleurs de l'artiste.

Signé à droite : A. Vollon.

Bois. Haut., 52 cent.; larg., 68 cent.

VOLLON

(A.)

155 — La Pipe.

Sur un guéridon, une pipe en écume, une blague en étoffe pourpre et or, des cigares, des cartes à jouer, une bouteille d'absinthe et un verre aux trois quarts plein.

Tableau très éclatant.

Signé à gauche : A. Vollon, et avec la dédicace : A mon ami Arago.

Bois. Haut., 72 cent ; larg., 51 cent.

(*Vente Arago.*)

VOLLON

(ANTOINE)

156 — Les Cuivres.

Au pied d'un escalier qu'on voit à droite, une batterie de cuisine en cuivre, un samovar, une bouilloire, un plat à poisson et différents chaudrons. Ces cuivres aux reflets étincelants donnent à ce tableau un éclat extraordinaire. Jamais le maître n'a porté plus loin l'art de l'observation, l'intensité des couleurs, l'harmonie des effets, qui font de ce tableau une des pages les plus justement appréciées dans l'œuvre de ce grand artiste.

Signé à droite : A. Vollon.

Toile. Haut., 72 cent.; larg., 59 cent.

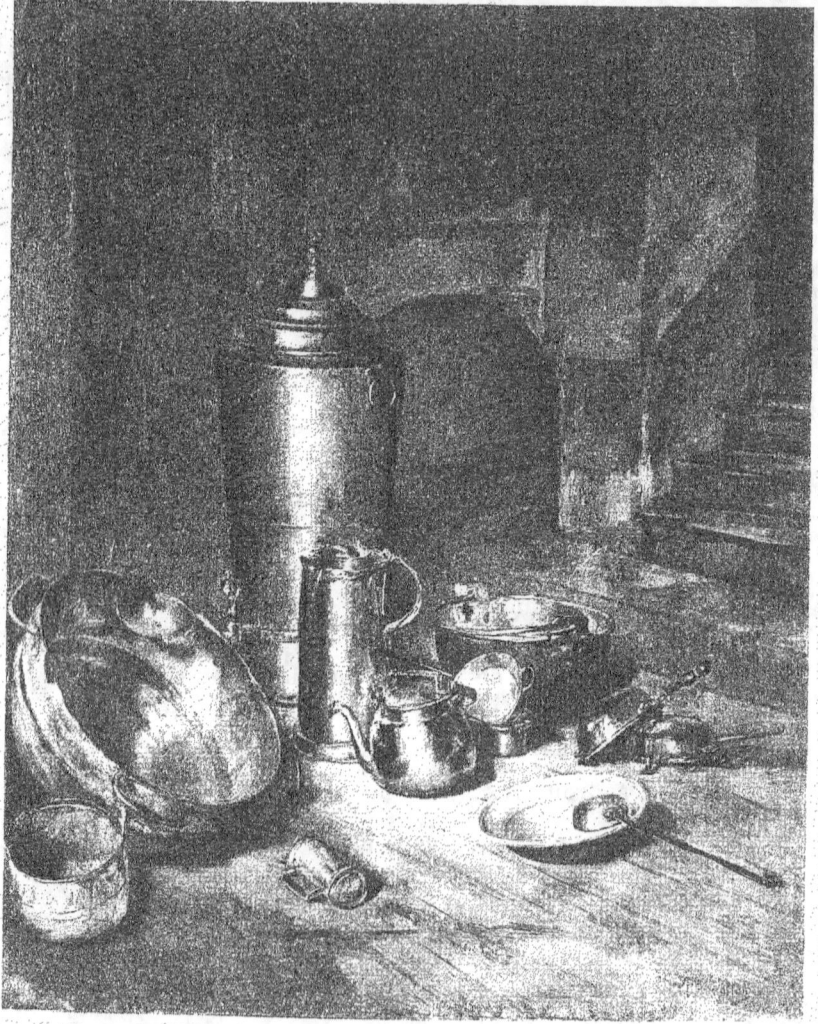

VOLLON

(A.)

157 — Le Dessert.

Dans un plat sur un tapis vert, des raisins, des poires et une pomme ; à droite, une pêche ouverte ; plus loin, une coupe en cristal contenant un reste de vin de Xérès ou de Madère.

Tableau exceptionnel dans l'œuvre du maître.

Signé à gauche : A. Vollon.

Toile. Haut., 50 cent.; larg., 65 cent.

VOLLON

(A.)

158 — La Musette.

Sur une table, une soupière en porcelaine de Saxe se détache en valeur sur un fond neutre.

A droite, un porte-bouquet, une cafetière en or, une musette, un morceau de musique et une tasse en Sèvres avec sa cuillère en or.

Petit tableau d'une facture remarquable.

Signé à gauche : **A. Vollon.**

Haut., 31 cent.; larg., 38 cent.

VOLLON

(A.)

159 — Intérieur de boucherie.

Un porc vient d'être éventré, il est suspendu à un crochet et son sang qui coule encore rougit le sol ; à droite, un seau et un balai ; à gauche, pend un mou.

Signé en haut et à gauche : A. Vollon.

Toile. Haut., 92 cent.; larg., 68 cent.

VOLLON

(A.)

160 — La Mandoline.

Sur un tapis vert, jeté sur une table, se trouvent une cruche en or richement ciselée, un flacon bleu, un verre, une assiette en porcelaine contenant les restes d'un dessert, de la musique et une mandoline.

Signé à droite : **A. Vollon.**

Bois. Haut., 42 cent.; larg., 32 cent.

VOLLON

(A.)

161 — Moulins de Hollande.

Sur une atmosphère grise, vers la gauche, isolé par un coude que fait le canal, un moulin se détache en vigueur.

Dans le fond, une ville avec les hautes pointes des cathédrales.

Signé à gauche : A. Vollon.

Toile. Haut., 36 cent.; larg., 52 cent.

VOLLON

(A.)

162 — Les OEufs.

Avec quatre œufs et deux pots en terre de couleurs différentes, l'artiste a fait un de ses plus remarquables tableaux.

Signé à gauche : A. Vollon.

Bois. Haut., 60 cent.; larg., 50 cent.

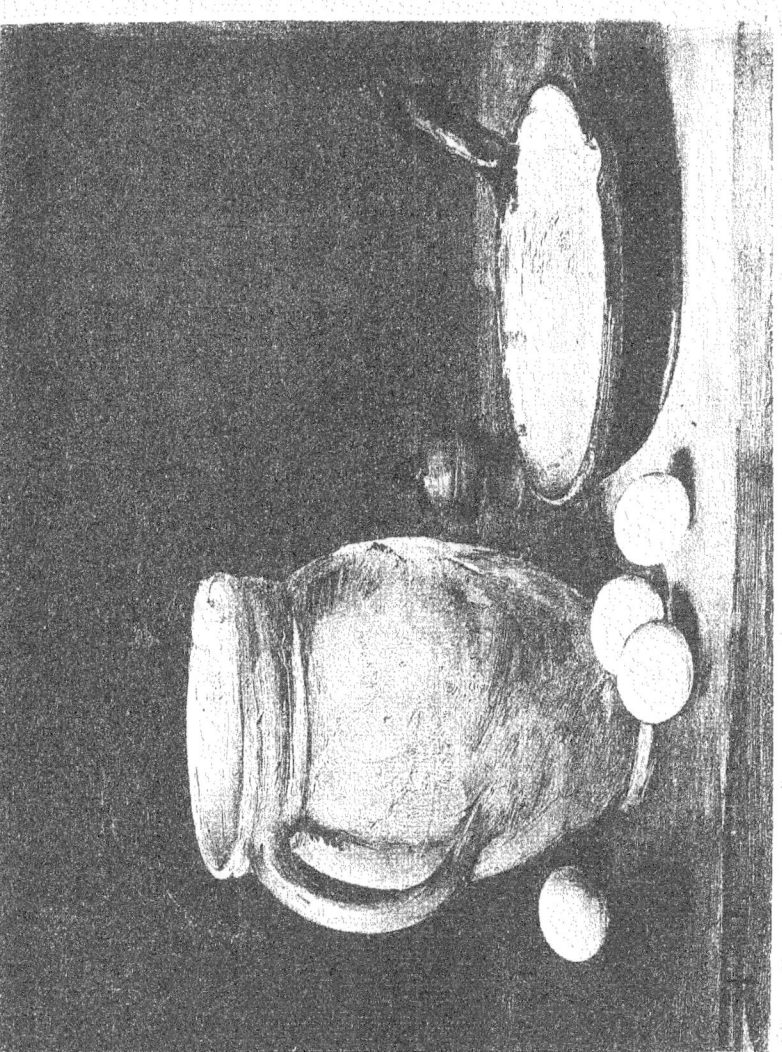

VOLLON

(A.)

163 — Dieppe.

Les quais du port et les ruelles obscures du Pollet qui se terminent par une échappée en pleine mer.

Au premier plan, le bassin sillonné de barques et de petits bateaux à voile.

Œuvre très remarquable par la finesse du dessin et la justesse du coloris.

Signé à gauche : A. Vollon.

Bois. Haut., 29 cent.; larg., 50 cent.

VOLLON

(A.)

164 — La Meuse aux environs de Dordrecht.

Toile signée à gauche : A. Vollon.

Haut., 32 cent.; larg., 52 cent.

VOLLON

(A.)

165 — Une Salle de Versailles.

Signé à gauche.

Toile. Haut., 39 cent.; larg., 31 cent.

(*Vente Arago.*)

VOLLON
(A.)

166 — Bords de rivière.

Signé à gauche : A. Vollon.

Bois. Haut., 32 cent.; larg., 26 cent.

VOLLON
(ANTOINE)

167 — Le Champ de blé.

Le blé est mûr, la moisson est commencée. Les tons dorés des épis font ressortir la puissance du paysage. Au fond, deux chevaux au repos sont gardés par un laboureur.

Signé à gauche : A. Vollon.

Bois. Haut., 58 cent.; larg., 71 cent.

VOLLON (FILS)

(ALEXIS)

168 — La Musique.

        Toile. Haut., 68 cent.; larg., 77 cent.

VUILLEFROY

169 — Vaches rentrant à l'étable.

Signé à gauche.

        Toile. Haut., 60 cent.; larg., 80 cent.

AQUARELLES
ET
PASTELS

ASTRUC

(Z.)

170 — Bords de l'eau.

Aquarelle.

Signée à gauche.

FRAGONARD

(J. H.)

171 — Tête de femme.

Une jeune femme, coiffée d'un bonnet blanc rehaussé d'un ruban bleu, est représentée de côté, la tête presque de face. Elle est habillée d'une robe bleue et porte sur ses épaules un châle blanc, bordé de vert.

Pastel.

Haut., 44 cent.; larg., 36 cent.

(Vente Valferdin.)

GIACOMELLI

172 — Un Nid de rouges-gorges.

Aquarelle.

Haut., 28 cent.; larg., 38 cent.

GIACOMELLI

173 — Un Nid de linots dans un buisson de ronces.

Aquarelle

Haut, 22 cent.; larg., 31 cent

LAMBERT

(EUG.)

174 — Dispute.

Aquarelle.

Haut., 35 cent.; larg., 27 cent.

LEMAIRE

(MADELEINE)

175 — Avant le bal.

Une jeune femme, le torse nu, les reins enveloppés de gazes légères, contemple dans un miroir son riant visage. Elle tourne le dos. Son visage se reflète dans la glace. Ses beaux cheveux roux sont gracieusement relevés, laissant la nuque à découvert. Elle a préparé sur ses genoux quelques fleurs.

Pastel signé à droite : Madeleine Lemaire.

Haut., 90 cent.; larg., 72 cent.

(*Exposition des pastellistes, 1888.*)

MEISSONIER

(E.)

176 — Seigneur Louis XIII.

Il est vêtu d'un justaucorps gris, d'un haut-de-chausses vert et d'une collerette blanche. Il porte des bas rouges et est coiffé d'un grand feutre. Les deux mains sur la hanche, laissant son épée libre, il semble attendre quelqu'un.

Aquarelle d'une grande finesse.

Signée du monogramme : EM, et datée 1881.

Haut., 23 cent.; larg., 19 cent.

MEISSONIER

(E.)

177 — Porte-drapeau de la garde civique flamande.

Il vient de chercher son drapeau et va rejoindre sa compagnie; la tête, coiffée d'un chapeau à bords relevés, est intelligente et indique qu'il est digne de l'honneur qui lui a été dévolu.

Il est vêtu d'un pourpoint sur lequel s'évase une collerette de dentelle; les mains sont gantées; l'une d'elles est relevée sur la hanche; il porte l'épée au côté.

Sépia rehaussée de gouache.

Signée à droite du monogramme : EM.

Haut., 25 cent.; larg., 17 cent.

MEISSONIER

(E.)

178 — L'Attente.

La main droite appuyée aux montants d'un escalier en bois sculpté, un seigneur Henri II semble attendre quelqu'un. Derrière lui, sur un fond de tapisserie, on aperçoit son blason.

Sépia rehaussée de gouache.

Signé à gauche du monogramme : E M.

Haut., 29 cent.; larg., 18 cent.

MEISSONIER

(E.)

179 — Le Mousquetaire.

Un cavalier portant l'uniforme des mousquetaires suit un chemin bordé par un grand lac, dans une plaine dénudée et sans abri; il marche droit sur le spectateur et précède d'autres mousquetaires qu'on aperçoit dans le fond et qui suivent la même route; de clairs nuages courent dans le ciel, laissant percer les premiers rayons du soleil levant.

Remarquable aquarelle.

Signée à droite du monogramme : E M, 1882.

Haut., 22 cent.; larg., 33 cent.

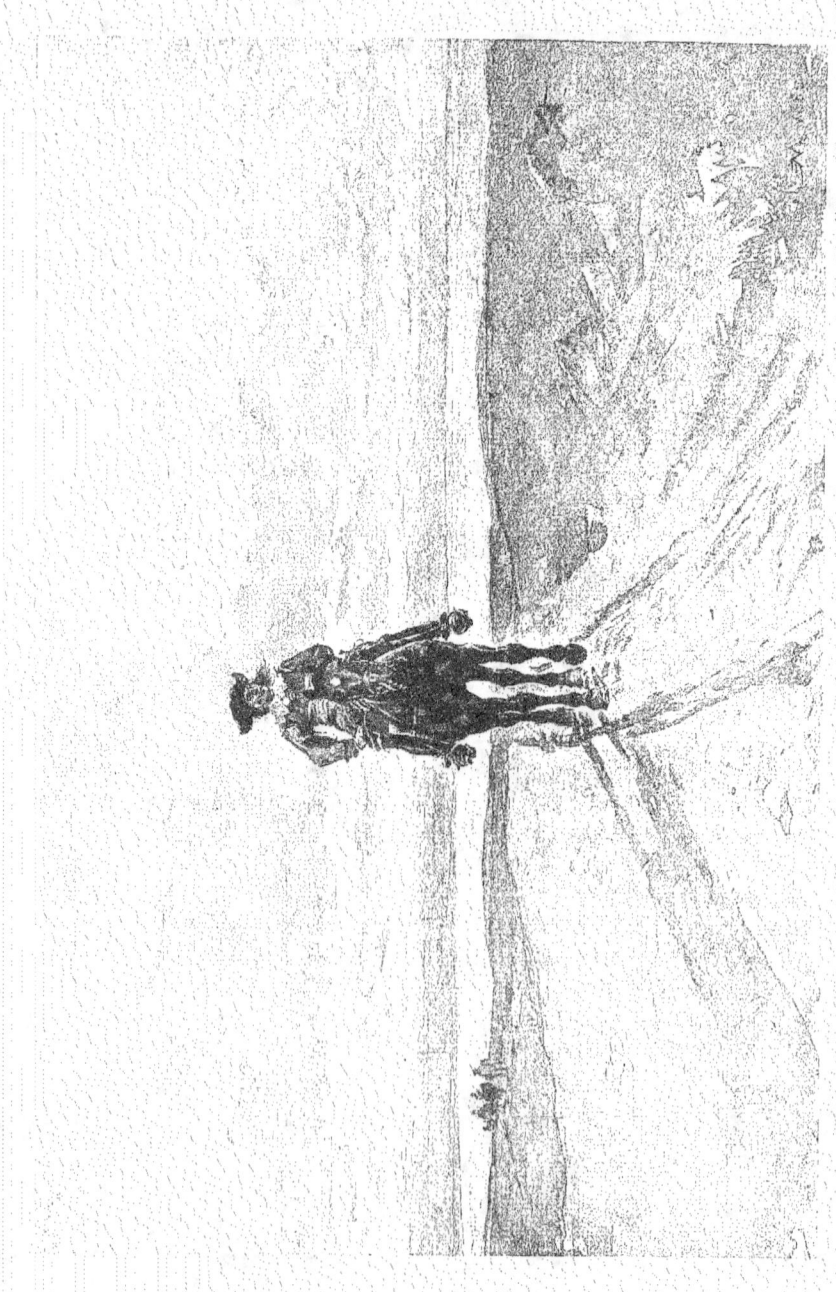

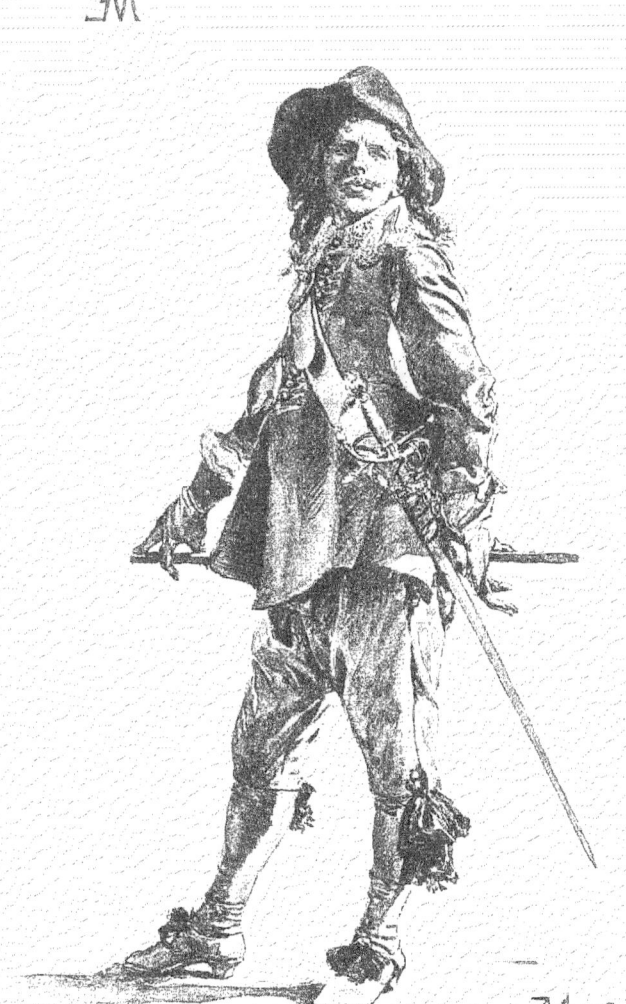

MEISSONIER

(E.)

180 — Le Bretteur.

Vêtu d'un pourpoint et d'un haut-de-chausses noisette, sa longue épée au côté, tenant derrière le dos sa canne des deux mains, il s'est arrêté au soleil, regardant d'un œil assez insolent et narquois.

Aquarelle.

Signée du monogramme : E. M.

Haut., 21 cent.; larg., 14 cent.

MÉRY

181 — Le Pommier.

> Aquarelle.
> Signée à droite.

MÉRY

182 — Cailles.

> Aquarelle.
>
> Haut., 28 cent.: larg., 48 cent.

MÉRY

183 — Le Verger.

> Aquarelle.
> Signée à droite.

NITTIS

(DE)

184 — Avenue du bois de Boulogne.

Par une belle journée de printemps, l'avenue du bois avec son animation habituelle, ses mille voitures et ses nombreux promeneurs. Au premier plan, une nourrice, accompagnant des enfants, traverse inquiète la chaussée.

Pastel important.

Signé à droite : De Nittis.

Haut., 51 cent.; larg., 71 cent.

NITTIS
(DE)

185 — Fleurs et pavots.

    Pastel.

               Haut., 72 cent.; larg., 50 cent.

PEYRONNEAU

186 — Portrait de M.

    Pastel.

ROSALBA

187 — Portrait de Mlle Aïssê.

Pastel.

Haut., 57 cent.; larg., 45 cent.

TASSAERT
(O.)

188 — Baigneuses.

Aquarelle.

Haut., 24 cent.; larg., 21 cent.

TASSAERT

(O.)

189 — Baigneuses.

Aquarelle.

Haut., 24 cent.; larg., 21 cent.

VIERGE

190 — Gil Blas chez le duc de Lerme.

Aquarelle.

Haut., 27 cent.; larg., 21 cent.

DESSINS

BOUCHER

191 — Daphnis et Chloé.

> Important dessin au crayon, rehaussé de sanguine.
>
> Signé à gauche : Boucher.
>
> > Haut., 31 cent.; larg., 35 cent.

BOUCHER

192 — Le Sommeil.

Une bacchante s'est endormie sur un tertre. Profitant de son sommeil, un satyre vient lui apporter l'Amour qu'il a fait prisonnier et qui se débat encore.

Très beau dessin rehaussé de sanguine.

Haut., 15 cent.; larg., 22 cent.

BOUCHER

193 — Vénus nue, étendue.

Beau dessin au crayon légèrement teinté.

DORÉ
(GUSTAVE)

194 — Sorcières de Macbeth.

Sépia rehaussée.

Haut., 48 cent.; larg., 38 cent.

(*Cachet de la vente.*)

DORÉ

(G.)

195 — Macbeth.

Arrivée de la forêt marchante.
Étude à la sépia, portant le cachet de la vente.

LATOUR

196 — Portrait de M. Silvestre.

Crayon rehaussé.

(*Vente Walferdin.*)

MEISSONIER
(E.)

197 — Un Conte rémois.

> Crayon rehaussé de gouache.
> Signé à droite du monogramme. Daté 1856.
>
> Haut., 20 cent.; larg., 14 cent.

MEISSONIER
(E.)

198 — Le Liseur.

> Assis près de la fenêtre dont on n'aperçoit que le volet, le coude appuyé sur le bras du fauteuil, une main sur les genoux, il lit avec attention.
>
> Derrière lui, une commode chargée de livres et d'objets d'art.
>
> Signé à gauche du monogramme : E M, et daté 1884. Grisaille rehaussée de gouache.
>
> Haut., 22 cent.; larg., 17 cent.

MEISSONIER

(E.)

199 — Les Joueurs d'échecs.

Deux seigneurs jouent aux échecs et le coup paraît difficile : tandis que l'un réfléchit, le menton appuyé sur sa main gauche, à ce qu'il doit faire ; l'autre examine le jeu de son adversaire et médite le coup qu'il va jouer.

Dessin à la plume, d'une exécution très soignée, remarquable par l'observation des détails.

Signé à gauche : E. Meissonier.

Haut., 16 cent.; larg., 18 cent.

MEISSONIER

(E.)

200 — Le Portier.

Dessin à la mine de plomb, portant au verso une lettre du maître, expliquant dans quelles conditions il dessina ce type de portier, pour servir à l'illustration d'un livre d'Henri Monnier.

MEISSONIER

(E.)

201 — Le Comte de Chevigné.

Il est assis dans un fauteuil et lit un journal.

Mine de plomb.

Signé à gauche du monogramme : E M, 1854.

NEUVILLE
(A. DE)

202 — La Défense du village.

Par la fenêtre d'un grenier, des paysans alsaciens tirent sur l'ennemi.

Important dessin au crayon noir.

Signé à droite : A. de Neuville.

NEUVILLE

(A. DE)

203 — La Barricade.

Derrière une barricade formée de meubles, charrettes et tonneaux, des Alsaciens tiennent tête à des Prussiens qui essayent en vain d'enlever ces fragiles remparts.

Remarquable dessin à la plume.

Signé à droite : **A. de Neuville.**

PANNINI

204 — Intérieur de palais.

Sépia et encre de Chine.

Haut., 35 cent.; larg., 48 cent.

PRUD'HON

205 — Rêverie.

Très beau dessin représentant une femme nue, assise sur un escalier, le coude appuyé sur une marche.

Haut., 6 cent.; larg., 43 cent.

PRUD'HON

206 — Femme nue, de face, les bras levés.

Beau dessin.

Haut., 46 cent.; larg., 28 cent.

PRUD'HON

207 — Apothéose du Génie de la Peinture.

Remarquable dessin du maître.

PRUD'HON

208 — Assomption de la Vierge.

> Dessin au crayon noir et au crayon blanc sur papier bleu.
>
> (*Vente de Boisfremont.*)

PRUD'HON

209 — Gloire; femme nue.

> Dessin à la plume.
>
> (*Vente Villot.*)

PRUD'HON

210 — Aminta.

Ce dessin, d'une exécution remarquablement fine, a été fait pour illustrer l'*Aminta* du Tasse. Il a été gravé par Roger.

Haut., 107 millim.; larg., 66 millim.

(*Vente du libraire Renouard.*)

(*Vente Didier, 1868.*)

TASSAERT

(O.)

211 — Nuque de femme.

Dessin à la mine de plomb.

Haut, 40 cent.; larg., 32 cent.